OEUVRES
DE
J. RACINE.

Tome Quatrième.

A PARIS,
A LA LIBRAIRIE DES ÉCOLES,
rue Sainte-Marguerite S. G., 19.

OEUVRES
DE
J. RACINE.

Tome Quatrième.

A PARIS,
A LA LIBRAIRIE DES ÉCOLES,
rue Sainte-Marguerite S. G., 19.

ŒUVRES
DE
JEAN RACINE.

TOME IV.

PARIS, IMPRIMERIE DE POUSSIELGUE,
rue du Croissant-Montmartre, 12.

ŒUVRES
DE
JEAN RACINE.

TOME QUATRIÈME.

A PARIS,

A LA LIBRAIRIE DES ÉCOLES,

rue Sainte-Marguerite S. G., 19.

1835.

PHÈDRE,
TRAGÉDIE.
(1677.)

PERSONNAGES.

Thésée, fils d'Egée, roi d'Athènes.
Phèdre, femme de Thésée, fille de Minos et de Pasiphaé.
Hippolyte, fils de Thésée et d'Antiope, reine des Amazones.
Aricie, princesse du sang royal d'Athènes.
OEnone, nourrice et confidente de Phèdre.
Théramène, gouverneur d'Hippolyte.
Ismène, confidente d'Aricie.
Panope, femme de la suite de Phèdre.
Gardes.

La scène est à Trézène, ville du Péloponèse.

PHÈDRE,
TRAGÉDIE.

ACTE PREMIER.

SCÈNE I.
HIPPOLYTE, THÉRAMÈNE.

HIPPOLYTE.

Le dessein en est pris, je pars, cher Théramène,
Et quitte le séjour de l'aimable Trézène.
Dans le doute mortel dont je suis agité
Je commence à rougir de mon oisiveté :
Depuis plus de six mois éloigné de mon père,
J'ignore le destin d'une tête si chère ;
J'ignore jusqu'aux lieux qui le peuvent cacher.

THÉRAMÈNE.

Et dans quels lieux, seigneur, l'allez-vous donc chercher?
Déjà, pour satisfaire à votre juste crainte,
J'ai couru les deux mers que sépare Corinthe ;
J'ai demandé Thésée aux peuples de ces bords
Où l'on voit l'Achéron se perdre chez les morts :
J'ai visité l'Elide, et, laissant le Ténare,
Passé jusqu'à la mer qui vit tomber Icare.
Sur quel espoir nouveau, dans quels heureux climats
Croyez-vous découvrir la trace de ses pas?
Qui sait même, qui sait si le roi votre père
Veut que de son absence on sache le mystère?
Et si, lorsqu'avec vous nous tremblons pour ses jours,

Tranquille et nous cachant de nouvelles amours,
Ce héros n'attend point qu'une amante abusée...

HIPPOLYTE.
Cher Théramène, arrête, et respecte Thésée.
De ses jeunes erreurs désormais revenu,
Par un indigne obstacle il n'est point retenu,
Et fixant de ses vœux l'inconstance fatale
Phèdre depuis long-temps ne craint plus de rivale.
Enfin en le cherchant je suivrai mon devoir,
Et je fuirai ces lieux, que je n'ose plus voir.

THÉRAMÈNE.
Eh! depuis quand, seigneur, craignez-vous la présence
De ces paisibles lieux si chers à votre enfance,
Et dont je vous ai vu préférer le séjour
Au tumulte pompeux d'Athène et de la cour?
Quel péril ou plutôt quel chagrin vous en chasse?

HIPPOLYTE.
Cet heureux temps n'est plus. Tout a changé de face
Depuis que sur ces bords les dieux ont envoyé
La fille de Minos et de Pasiphaé.

THÉRAMÈNE.
J'entends : de vos douleurs la cause m'est connue.
Phèdre ici vous chagrine et blesse votre vue.
Dangereuse marâtre, à peine elle vous vit
Que votre exil d'abord signala son crédit.
Mais sa haine, sur vous autrefois attachée,
Ou s'est évanouie, ou s'est bien relâchée.
Et d'ailleurs quels périls vous peut faire courir
Une femme mourante et qui cherche à mourir?
Phèdre atteinte d'un mal qu'elle s'obstine à taire,
Lasse enfin d'elle-même et du jour qui l'éclaire,
Peut-elle contre vous former quelques desseins?

HIPPOLYTE.
Sa vaine inimitié n'est pas ce que je crains.

Hippolyte en partant fuit une autre ennemie :
Je fuis, je l'avouerai, cette jeune Aricie,
Reste d'un sang fatal conjuré contre nous.

THÉRAMÈNE.

Quoi ! vous-même, seigneur, la persécutez-vous ?
Jamais l'aimable sœur des cruels Pallantides
Trempa-t-elle aux complots de ses frères perfides ?
Et devez-vous haïr ses innocens appas ?

HIPPOLYTE.

Si je la haïssois je ne la fuirois pas.

THÉRAMÈNE.

Seigneur, m'est-il permis d'expliquer votre fuite ?
Pourriez-vous n'être plus ce superbe Hippolyte
Implacable ennemi des amoureuses lois
Et d'un joug que Thésée a subi tant de fois ?
Vénus, par votre orgueil si long-temps méprisée,
Voudroit-elle à la fin justifier Thésée ?
Et, vous mettant au rang du reste des mortels,
Vous a-t-elle forcé d'encenser ses autels ?
Aimeriez-vous, seigneur ?

HIPPOLYTE.

     Ami, qu'oses-tu dire ?
Toi qui connois mon cœur depuis que je respire,
Des sentimens d'un cœur si fier, si dédaigneux,
Peux-tu me demander le désaveu honteux ?
C'est peu qu'avec son lait une mère amazone
M'ait fait sucer encor cet orgueil qui t'étonne ;
Dans un âge plus mûr moi-même parvenu,
Je me suis applaudi quand je me suis connu.
Attaché près de moi par un zèle sincère,
Tu me contois alors l'histoire de mon père.
Tu sais combien mon ame, attentive à ta voix,
S'échauffoit au récit de ses nobles exploits ;
Quand tu me dépeignois ce héros intrépide

Consolant les mortels de l'absence d'Alcide,
Les monstres étouffés et les brigands punis,
Procuste, Cercyon, et Scirron et Sinnis,
Et les os dispersés du géant d'Epidaure,
Et la Crète fumant du sang du Minotaure.
Mais quand tu récitois des faits moins glorieux,
Sa foi partout offerte et reçue en cent lieux,
Hélène à ses parens dans Sparte dérobée,
Salamine témoin des pleurs de Péribée,
Tant d'autres dont les noms lui sont même échappés,
Trop crédules esprits que sa flamme a trompés !
Ariane aux rochers contant ses injustices,
Phèdre enlevée enfin sous de meilleurs auspices ;
Tu sais comme à regret écoutant ce discours
Je te pressois souvent d'en abréger le cours.
Heureux si j'avois pu ravir à la mémoire
Cette indigne moitié d'une si belle histoire !
Et moi-même à mon tour je me verrois lié !
Et les dieux jusque là m'auroient humilié !
Dans mes lâches soupirs d'autant plus méprisable
Qu'un long amas d'honneurs rend Thésée excusable;
Qu'aucuns monstres par moi domptés jusqu'aujourd'hui
Ne m'ont acquis le droit de faillir comme lui !
Quand même ma fierté pourroit s'être adoucie,
Aurois-je pour vainqueur dû choisir Aricie ?
Ne souviendroit-il plus à mes sens égarés
De l'obstacle éternel qui nous a séparés?
Mon père la réprouvé ; et par des lois sévères
Il défend de donner des neveux à ses frères.
D'une tige coupable il craint un rejeton;
Il veut avec leur sœur ensevelir leur nom,
Et que jusqu'au tombeau soumise à sa tutelle
Jamais les feux d'hymen ne s'allument pour elle.
Dois-je épouser ses droits contre un père irrité?
Donnerai-je l'exemple à la témérité?

Et dans un fol amour ma jeunesse embarquée...
THÉRAMÈNE.
Ah, seigneur ! si votre heure est une fois marquée
Le ciel de nos raisons ne sait point s'informer.
Thésée ouvre vos yeux en voulant les fermer ;
Et sa haine, irritant une flamme rebelle,
Prête à son ennemie une grâce nouvelle,
Enfin d'un chaste amour pourquoi vous effrayer ?
S'il a quelque douceur, n'osez-vous l'essayer ?
En croirez-vous toujours un farouche scrupule ?
Craint-on de s'égarer sur les traces d'Hercule ?
Quels courages Vénus n'a-t-elle pas domptés ?
Vous-même où seriez-vous, vous qui la combattez,
Si toujours Antiope à ses lois opposée
D'une pudique ardeur n'eût brûlé pour Thésée ?
Mais que sert d'affecter un superbe discours ?
Avouez-le, tout change ; et depuis quelques jours
On vous voit moins souvent, orgueilleux et sauvage,
Tantôt faire voler un char sur le rivage,
Tantôt, savant dans l'art par Neptune inventé,
Rendre docile au frein un coursier indompté ;
Les forêts de nos cris moins souvent retentissent.
Chargés d'un feu secret vos yeux s'appesantissent.
Il n'en faut point douter, vous aimez, vous brûlez ;
Vous périssez d'un mal que vous dissimulez.
La charmante Aricie a-t-elle su vous plaire ?
HIPPOLYTE.
Théramène, je pars et vais chercher mon père.
THÉRAMÈNE.
Ne verrez-vous point Phèdre avant que de partir,
Seigneur ?
HIPPOLYTE.
     C'est mon dessein ; tu peux l'en avertir.
Voyons-la puisqu'ainsi mon devoir me l'ordonne.
Mais quel nouveau malheur trouble sa chère OEnone ?

SCÈNE II.

HIPPOLYTE, OENONE, THÉRAMÈNE.

OENONE.

Hélas! seigneur, quel trouble au mien peut être égal?
La reine touche presque à son terme fatal.
En vain à l'observer jour et nuit je m'attache,
Elle meurt dans mes bras d'un mal qu'elle me cache;
Un désordre éternel règne dans son esprit;
Son chagrin inquiet l'arrache de son lit;
Elle veut voir le jour, et sa douleur profonde
M'ordonne toutefois d'écarter tout le monde...
Elle vient.

HIPPOLYTE.

Il suffit : je la laisse en ces lieux,
Et ne lui montre point un visage odieux.

SCÈNE III.

PHÈDRE, OENONE.

PHÈDRE.

N'allons point plus avant, demeurons, chère OEnone.
Je ne me soutiens plus ; ma force m'abandonne :
Mes yeux sont éblouis du jour que je revoi,
Et mes genoux tremblans se dérobent sous moi.
Hélas!
(Elle s'assied.)

OENONE.

Dieux tout puissans, que nos pleurs vous apaisent!

PHÈDRE.

Que ces vains ornemens, que ces voiles me pèsent!

Quelle importune main en formant tous ces nœuds
A pris soin sur mon front d'assembler mes cheveux?
Tout m'afflige et me nuit, ou conspire à me nuire.

OENONE.

Comme on voit tous ses vœux l'un l'autre se détruire!
Vous-même, condamnant vos injustes desseins,
Tantôt à vous parer vous excitiez nos mains;
Vous-même, rappelant votre force première,
Vous vouliez vous montrer et revoir la lumière.
Vous la voyez, madame, et prête à vous cacher
Vous haïssez le jour que vous veniez chercher!

PHÈDRE.

Noble et brillant auteur d'une triste famille,
Toi dont ma mère osoit se vanter d'être fille,
Qui peut-être rougis du trouble où tu me vois,
Soleil, je te viens voir pour la dernière fois!

OENONE.

Quoi! vous ne perdrez point cette cruelle envie?
Vous verrai-je toujours renonçant à la vie
Faire de votre mort les funestes apprêts?

PHÈDRE.

Dieux! que ne suis-je assise à l'ombre des forêts!
Quand pourrai-je au travers d'une noble poussière
Suivre de l'œil un char fuyant dans la carrière?

OENONE.

Quoi, madame!

PHÈDRE.

Insensée, où suis-je et qu'ai-je dit?
Où laissé-je égarer mes vœux et mon esprit?
Je l'ai perdu : les dieux m'en ont ravi l'usage.
OEnone, la rougeur me couvre le visage :
Je te laisse trop voir mes honteuses douleurs,
Et mes yeux malgré moi se remplissent de pleurs.

OENONE.

Ah! s'il vous faut rougir rougissez d'un silence

Qui de vos maux encore aigrit la violence.
Rebelle à tous nos soins, sourde à tous nos discours,
Voulez-vous sans pitié laisser finir vos jours ?
Quelle fureur les borne au milieu de leur course ?
Quel charme ou quel poison en a tari la source ?
Les ombres par trois fois ont obscurci les cieux
Depuis que le sommeil n'est entré dans vos yeux,
Et le jour a trois fois chassé la nuit obscure
Depuis que votre corps languit sans nourriture.
A quel affreux dessein vous laissez-vous tenter ?
De quel droit sur vous-même osez-vous attenter ?
Vous offensez les dieux auteurs de votre vie ;
Vous trahissez l'époux à qui la foi vous lie ;
Vous trahissez enfin vos enfans malheureux,
Que vous précipitez sous un joug rigoureux.
Songez qu'un même jour leur ravira leur mère
Et rendra l'espérance au fils de l'étrangère,
A ce fier ennemi de vous, de votre sang,
Ce fils qu'une Amazone a porté dans son flanc,
Cet Hippolyte...

PHÈDRE.

Ah dieux !

OENONE.

Ce reproche vous touche.

PHÈDRE.

Malheureuse ! quel nom est sorti de ta bouche !

OENONE.

Eh bien, votre colère éclate avec raison :
J'aime à vous voir frémir à ce funeste nom.
Vivez donc : que l'amour, le devoir vous excite.
Vivez ; ne souffrez pas que le fils d'une Scythe,
Accablant vos enfans d'un empire odieux,
Commande au plus beau sang de la Grèce et des dieux.
Mais ne différez point, chaque moment vous tue :

Réparez promptement votre force abattue,
Tandis que de vos jours prêts à se consumer
Le flambeau dure encore et peut se rallumer.
PHÈDRE.
J'en ai trop prolongé la coupable durée.
OENONE.
Quoi! de quelques remords êtes-vous déchirée?
Quel crime a pu produire un trouble si pressant?
Vos mains n'ont point trempé dans le sang innocent?
PHÈDRE.
Grâces au ciel, mes mains ne sont point criminelles.
Plût aux dieux que mon cœur fût innocent comme elles!
OENONE.
Et quel affreux projet avez-vous enfanté
Dont votre cœur encor doive être épouvanté?
PHÈDRE.
Je t'en ai dit assez, épargne-moi le reste :
Je meurs pour ne point faire un aveu si funeste.
OENONE.
Mourez donc et gardez un silence inhumain,
Mais pour fermer vos yeux cherchez une autre main.
Quoiqu'il vous reste à peine une foible lumière,
Mon ame chez les morts descendra la première;
Mille chemins ouverts y conduisent toujours,
Et ma juste douleur choisira les plus courts.
Cruelle! quand ma foi vous a-t-elle déçue?
Songez-vous qu'en naissant mes bras vous ont reçue?
Mon pays, mes enfans, pour vous j'ai tout quitté.
Réserviez-vous ce prix à ma fidélité?
PHÈDRE.
Quel fruit espères-tu de tant de violence?
Tu frémiras d'horreur si je romps le silence.
OENONE.
Et que me direz-vous qui ne cède, grands dieux!

PHÈDRE.

A l'horreur de vous voir expirer à mes yeux ?
PHÈDRE.
Quand tu sauras mon crime et le sort qui m'accable
Je n'en mourrai pas moins; j'en mourrai plus coupable.
OENONE.
Madame, au nom des pleurs que pour vous j'ai versés,
Par vos foibles genoux que je tiens embrassés,
Délivrez mon esprit de ce funeste doute.
PHÈDRE.
Tu le veux, lève-toi.
OENONE.
Parlez, je vous écoute.
PHÈDRE.
Ciel! que lui vais-je dire, et par où commencer?
OENONE.
Par de vaines frayeurs cessez de m'offenser.
PHÈDRE.
O haine de Vénus! ô fatale colère!
Dans quels égaremens l'amour jeta ma mère!
OENONE.
Oublions-les, madame, et qu'à tout l'avenir
Un silence éternel cache ce souvenir.
PHÈDRE.
Ariane ma sœur! de quel amour blessée
Vous mourûtes aux bords où vous fûtes laissée!
OENONE.
Que faites-vous, madame? et quel mortel ennui
Contre tout votre sang vous anime aujourd'hui?
PHÈDRE.
Puisque Vénus le veut, de ce sang déplorable
Je péris la dernière et la plus misérable.
OENONE.
Aimez-vous?

PHÈDRE.
De l'amour j'ai toutes les fureurs.
OENONE.
Pour qui?
PHÈDRE.
Tu vas ouïr le comble des horreurs.
J'aime... A ce nom fatal je tremble, je frissonne.
J'aime...
OENONE.
Qui?
PHÈDRE.
Tu connois ce fils de l'Amazone,
Ce prince si long-temps par moi-même opprimé.
OENONE.
Hippolyte? Grands dieux!
PHÈDRE.
C'est toi qui l'as nommé!
OENONE.
Juste ciel! tout mon sang dans mes veines se glace!
O désespoir! ô crime! ô déplorable race!
Voyage infortuné! Rivage malheureux,
Falloit-il approcher de tes bords dangereux!
PHÈDRE.
Mon mal vient de plus loin. A peine au fils d'Egée
Sous les lois de l'hymen je m'étois engagée:
Mon repos, mon bonheur sembloit être affermi;
Athènes me montra mon superbe ennemi;
Je le vis, je rougis, je pâlis à sa vue.
Un trouble s'éleva dans mon ame éperdue;
Mes yeux ne voyoient plus, je ne pouvois parler;
Je sentis tout mon corps et transir et brûler.
Je reconnus Vénus et ses feux redoutables,
D'un sang qu'elle poursuit tourmens inévitables.
Par des vœux assidus je crus les détourner:
Je lui bâtis un temple, et pris soin de l'orner;

De victimes moi-même à toute heure entourée,
Je cherchois dans leurs flancs ma raison égarée :
D'un incurable amour remèdes impuissans !
En vain sur les autels ma main brûloit l'encens:
Quand ma bouche imploroit le nom de la déesse
J'adorois Hippolyte, et le voyant sans cesse,
Même au pied des autels que je faisois fumer,
J'offrois tout à ce dieu que je n'osois nommer.
Je l'évitois partout. Oh ! comble de misère !
Mes yeux le retrouvoient dans les traits de son père.
Contre moi-même enfin j'osai me révolter :
J'excitai mon courage à le persécuter.
Pour bannir l'ennemi dont j'étois idolâtre
J'affectai les chagrins d'une injuste marâtre ;
Je pressai son exil, et mes cris éternels
L'arrachèrent du sein et des bras paternels.
Je respirois, OEnone, et depuis son absence
Mes jours moins agités couloient dans l'innocence :
Soumise à mon époux et cachant mes ennuis,
De son fatal hymen je cultivois les fruits.
Vaines précautions ! Cruelle destinée !
Par mon époux lui-même à Trézène amenée,
J'ai revu l'ennemi que j'avois éloigné :
Ma blessure trop vive aussitôt a saigné.
Ce n'est plus une ardeur dans mes veines cachée ;
C'est Vénus tout entière à sa proie attachée.
J'ai conçu pour mon crime une juste terreur :
J'ai pris la vie en haine et ma flamme en horreur.
Je voulois en mourant prendre soin de ma gloire,
Et dérober au jour une flamme si noire ;
Je n'ai pu soutenir tes larmes, tes combats ;
Je t'ai tout avoué : je ne m'en repens pas,
Pourvu que de ma mort respectant les approches
Tu ne m'affliges plus par d'injustes reproches,
Et que tes vains secours cessent de rappeler

Un reste de chaleur tout prêt à s'exhaler.

SCÈNE IV.

PHÈDRE, OENONE, PANOPE.

PANOPE.

Je voudrois vous cacher une triste nouvelle,
Madame ; mais il faut que je vous la révèle.
La mort vous a ravi votre invincible époux ;
Et ce malheur n'est plus ignoré que de vous.

OENONE.

Panope, que dis-tu ?

PANOPE.

Que la reine abusée
En vain demande au ciel le retour de Thésée,
Et que par des vaisseaux arrivés dans le port
Hippolyte son fils vient d'apprendre sa mort.

PHÈDRE.

Ciel !

PANOPE.

Pour le choix d'un maître Athènes se partage :
Au prince votre fils l'un donne son suffrage,
Madame, et de l'état l'autre oubliant les lois
Au fils de l'étrangère ose donner sa voix.
On dit même qu'au trône une brigue insolente
Veut placer Aricie et le sang de Pallante.
J'ai cru de ce péril vous devoir avertir.
Déjà même Hippolyte est tout prêt à partir ;
Et l'on craint, s'il paroît dans ce nouvel orage,
Qu'il n'entraîne après lui tout un peuple volage.

OENONE.

Panope, c'est assez : la reine qui t'entend
Ne négligera point cet avis important.

SCÈNE V.
PHÈDRE, OENONE.

OENONE.

Madame, je cessois de vous presser de vivre,
Déjà même au tombeau je songeois à vous suivre ;
Pour vous en détourner je n'avois plus de voix :
Mais ce nouveau malheur vous prescrit d'autres lois.
Votre fortune change et prend une autre face :
Le roi n'est plus, madame ; il faut prendre sa place.
Sa mort vous laisse un fils à qui vous vous devez,
Esclave s'il vous perd, et roi si vous vivez.
Sur qui dans son malheur voulez-vous qu'il s'appuie ?
Ses larmes n'auront plus de main qui les essuie ;
Et ses cris innocens portés jusques aux dieux,
Iront contre sa mère irriter ses aïeux.
Vivez ; vous n'avez plus de reproche à vous faire :
Votre flamme devient une flamme ordinaire ;
Thésée en expirant vient de rompre les nœuds
Qui faisoient tout le crime et l'horreur de vos feux.
Hippolyte pour vous devient moins redoutable,
Et vous pouvez le voir sans vous rendre coupable.
Peut-être, convaincu de votre aversion,
Il va donner un chef à la sédition :
Détrompez son erreur, fléchissez son courage
Roi de ces bords heureux, Trézène est son partage ;
Mais il sait que les lois donnent à votre fils
Les superbes remparts que Minerve a bâtis.
Vous avez l'un et l'autre une juste ennemie :
Unissez-vous tous deux pour combattre Aricie.

PHÈDRE.

Eh bien ! à tes conseils je me laisse entraîner.
Vivons, si vers la vie on peut me ramener,
Et si l'amour d'un fils en ce moment funeste
De mes foibles esprits peut ranimer le reste.

ACTE SECOND.
SCÈNE I.
ARICIE, ISMÈNE.

ARICIE.
Hippolyte demande à me voir en ce lieu?
Hippolyte me cherche et veut me dire adieu?
Ismène, dis-tu vrai? n'es-tu point abusée?
ISMÈNE.
C'est le premier effet de la mort de Thésée.
Préparez-vous, madame, à voir de tous côtés
Voler vers vous les cœurs par Thésée écartés.
Aricie à la fin de son sort est maîtresse,
Et bientôt à ses pieds verra toute la Grèce.
ARICIE.
Ce n'est donc point, Ismène, un bruit mal affermi?
Je cesse d'être esclave, et n'ai plus d'ennemi?
ISMÈNE.
Non, madame, les dieux ne vous sont plus contraires,
Et Thésée a rejoint les mânes de vos frères.
ARICIE.
Dit-on quelle aventure a terminé ses jours?
ISMÈNE.
On sème de sa mort d'incroyables discours.
On dit que, ravisseur d'une amante nouvelle,
Les flots ont englouti cet époux infidèle;
On dit même, et ce bruit est partout répandu,
Qu'avec Pirithoüs aux enfers descendu
Il a vu le Cocyte et les rivages sombres,

Et s'est montré vivant aux infernales ombres ;
Mais qu'il n'a pu sortir de ce triste séjour,
Et repasser les bords qu'on passe sans retour.
ARICIE.
Croirai-je qu'un mortel avant sa dernière heure
Peut pénétrer des morts la profonde demeure ?
Quel charme l'attiroit sur ces bords redoutés ?
ISMÈNE.
Thésée est mort, madame, et vous seule en doutez :
Athènes en gémit, Trézène en est instruite,
Et déjà pour son roi reconnoît Hippolyte.
Phèdre, dans ce palais tremblante pour son fils,
De ses amis troublés demande les avis.
ARICIE.
Et tu crois que pour moi plus humain que son père
Hippolyte rendra ma chaîne plus légère ?
Qu'il plaindra mes malheurs ?
ISMÈNE.
Madame, je le croi.
ARICIE.
L'insensible Hippolyte est-il connu de toi ?
Sur quel frivole espoir penses-tu qu'il me plaigne,
Et respecte en moi seule un sexe qu'il dédaigne ?
Tu vois depuis quel temps il évite nos pas,
Et cherche tous les lieux où nous ne sommes pas.
ISMÈNE.
Je sais de ses froideurs tout ce que l'on récite :
Mais j'ai vu près de vous ce superbe Hippolyte ;
Et même en le voyant le bruit de sa fierté
A redoublé pour lui ma curiosité.
Sa présence à ce bruit n'a point paru répondre :
Dès vos premiers regards je l'ai vu se confondre ;
Ses yeux qui vainement vouloient vous éviter,
Déjà pleins de langueur, ne pouvoient vous quitter.

Le nom d'amant peut-être offense son courage,
Mais il en a les yeux s'il n'en a le langage.

ARICIE.

Que mon cœur, chère Ismène, écoute avidement
Un discours qui peut-être a peu de fondement !
O toi qui me connois, te sembloit-il croyable
Que le triste jouet d'un sort impitoyable,
Un cœur toujours nourri d'amertume et de pleurs,
Dût connoître l'amour et ses folles douleurs ?
Reste du sang d'un roi noble fils de la Terre,
Je suis seule échappée aux fureurs de la guerre :
J'ai perdu dans la fleur de leur jeune saison
Six frères ; quel espoir d'une illustre maison !
Le fer moissonna tout, et la terre humectée
But à regret le sang des neveux d'Erechthée.
Tu sais depuis leur mort quelle sévère loi
Défend à tous les Grecs de soupirer pour moi :
On craint que de la sœur les flammes téméraires
Ne raniment un jour la cendre de ses frères.
Mais tu sais bien aussi de quel œil dédaigneux
Je regardois ce soin d'un vainqueur soupçonneux.
Tu sais que, de tout temps à l'amour opposée,
Je rendois souvent grâce à l'injuste Thésée,
Dont l'heureuse rigueur secondoit mes mépris.
Mes yeux alors, mes yeux n'avoient pas vu son fils.
Non que, par les yeux seuls lâchement enchantée,
J'aime en lui sa beauté, sa grâce tant vantée,
Présens dont la nature a voulu l'honorer,
Qu'il méprise lui-même et qu'il semble ignorer :
J'aime, je prise en lui de plus nobles richesses,
Les vertus de son père, et non point les foiblesses :
J'aime, je l'avouerai, cet orgueil généreux
Qui jamais n'a fléchi sous le joug amoureux.
Phèdre en vain s'honoroit des soupirs de Thésée :
Pour moi je suis plus fière, et fuis la gloire aisée

D'arracher un hommage à mille autres offert,
Et d'entrer dans un cœur de toutes parts ouvert.
Mais de faire fléchir un courage inflexible,
De porter la douleur dans une ame insensible,
D'enchaîner un captif de ses fers étonné,
Contre un joug qui lui plaît vainement mutiné;
C'est là ce que je veux, c'est là ce qui m'irrite.
Hercule à désarmer coûtoit moins qu'Hippolyte,
Et vaincu plus souvent et plus tôt surmonté,
Préparoit moins de gloire aux yeux qui l'ont dompté.
Mais, chère Ismène, hélas! quelle est mon imprudence!
On ne m'opposera que trop de résistance:
Tu m'entendras peut-être, humble dans mon ennui,
Gémir du même orgueil que j'admire aujourd'hui.
Hippolyte aimeroit! Par quel bonheur extrême
Aurois-je pu fléchir....

ISMÈNE.

Vous l'entendrez lui-même.
Il vient à vous.

SCÈNE II.

HIPPOLYTE, ARICIE, ISMÈNE.

HIPPOLYTE.

Madame, avant que de partir
J'ai cru de votre sort vous devoir avertir.
Mon père ne vit plus. Ma juste défiance
Présageoit les raisons de sa trop longue absence:
La mort seule bornant ses travaux éclatans
Pouvoit à l'univers le cacher si long-temps.
Les dieux livrent enfin à la parque homicide
L'ami, le compagnon, le successeur d'Alcide.
Je crois que votre haine épargnant ses vertus
Ecoute sans regret ces noms qui lui sont dus.
Un espoir adoucit ma tristesse mortelle:

ACTE II, SCÈNE II.

Je puis vous affranchir d'une austère tutelle ;
Je révoque des lois dont j'ai plaint la rigueur.
Vous pouvez disposer de vous, de votre cœur ;
Et dans cette Trézène, aujourd'hui mon partage,
De mon aïeul Pitthée autrefois l'héritage,
Qui m'a sans balancer reconnu pour son roi,
Je vous laisse aussi libre et plus libre que moi.

ARICIE.

Modérez des bontés dont l'excès m'embarrasse.
D'un soin si généreux honorer ma disgrâce,
Seigneur, c'est me ranger plus que vous ne pensez
Sous ces austères lois dont vous me dispensez.

HIPPOLYTE.

Du choix d'un successeur Athènes incertaine
Parle de vous, me nomme, et le fils de la reine.

ARICIE.

De moi, seigneur ?

HIPPOLYTE.

Je sais sans vouloir me flatter
Qu'une superbe loi semble me rejeter :
La Grèce me reproche une mère étrangère.
Mais si pour concurrent je n'avois que mon frère,
Madame, j'ai sur lui de véritables droits
Que je saurois sauver du caprice des lois.
Un frein plus légitime arrête mon audace :
Je vous cède ou plutôt je vous rends une place,
Un sceptre que jadis vos aïeux ont reçu
De ce fameux mortel que la Terre a conçu.
L'adoption le mit entre les mains d'Égée.
Athènes, par mon père accrue et protégée,
Reconnut avec joie un roi si généreux,
Et laissa dans l'oubli vos frères malheureux.
Athènes dans ses murs maintenant vous rappelle :
Assez elle a gémi d'une longue querelle ;
Assez dans ses sillons votre sang englouti

A fait fumer le champ dont il étoit sorti.
Trézène m'obéit. Les campagnes de Crète
Offrent au fils de Phèdre une riche retraite.
L'Attique est votre bien. Je pars, et vais pour vous
Réunir tous les vœux partagés entre nous.

ARICIE.

De tout ce que j'entends étonnée et confuse,
Je crains presque, je crains qu'un songe ne m'abuse.
Veillé-je? Puis-je croire un semblable dessein?
Quel dieu, seigneur, quel dieu l'a mis dans votre sein?
Qu'à bon droit votre gloire en tous lieux est semée!
Et que la vérité passe la renommée!
Vous-même en ma faveur vous voulez vous trahir!
N'étoit-ce pas assez de ne me point haïr,
Et d'avoir si long-temps pu défendre votre ame
De cette inimitié...

HIPPOLYTE.

Moi vous haïr, madame!
Avec quelques couleurs qu'on ait peint ma fierté,
Croit-on que dans ses flancs un monstre m'ait porté?
Quelles sauvages mœurs, quelle haine endurcie
Pourroit en vous voyant n'être point adoucie?
Ai-je pu résister au charme décevant...

ARICIE.

Quoi, seigneur!

HIPPOLYTE.

Je me suis engagé trop avant.
Je vois que la raison cède à la violence:
Puisque j'ai commencé de rompre le silence,
Madame, il faut poursuivre; il faut vous informer
D'un secret que mon cœur ne peut plus renfermer.
Vous voyez devant vous un prince déplorable,
D'un téméraire orgueil exemple mémorable.
Moi qui contre l'amour fièrement révolté
Aux fers de ses captifs ai long-temps insulté,

Qui des foibles mortels déplorant les naufrages
Pensois toujours du bord contempler les orages :
Asservi maintenant sous la commune loi,
Par quel trouble me vois-je emporté loin de moi!
Un moment a vaincu mon audace imprudente :
Cette ame si superbe est enfin dépendante.
Depuis près de six mois, honteux, désespéré,
Portant partout le trait dont je suis déchiré,
Contre vous, contre moi vainement je m'éprouve :
Présente, je vous fuis; absente, je vous trouve;
Dans le fond des forêts votre image me suit;
La lumière du jour, les ombres de la nuit,
Tout retrace à mes yeux les charmes que j'évite;
Tout vous livre à l'envi le rebelle Hippolyte.
Moi-même, pour tout fruit de mes soins superflus,
Maintenant je me cherche et ne me trouve plus :
Mon arc, mes javelots, mon char, tout m'importune;
Je ne me souviens plus des leçons de Neptune;
Mes seuls gémissemens font retentir les bois;
Et mes coursiers oisifs ont oublié ma voix.
Peut-être le récit d'un amour si sauvage
Vous fait en m'écoutant rougir de votre ouvrage.
D'un cœur qui s'offre à vous quel farouche entretien !
Quel étrange captif pour un si beau lien !
Mais l'offrande à vos yeux en doit être plus chère :
Songez que je vous parle une langue étrangère;
Et ne rejetez pas des vœux mal exprimés,
Qu'Hippolyte sans vous n'auroit jamais formés.

SCÈNE III.

HIPPOLYTE, ARICIE, THÉRAMÈNE, ISMÈNE.

THÉRAMÈNE.
Seigneur, la reine vient, et je l'ai devancée :
Elle vous cherche.
HIPPOLYTE.
Moi ?
THÉRAMÈNE.
J'ignore sa pensée ;
Mais on vous est venu demander de sa part.
Phèdre veut vous parler avant votre départ.
HIPPOLYTE.
Phèdre ! Que lui dirai-je ? et que peut-elle attendre ?..
ARICIE.
Seigneur, vous ne pouvez refuser de l'entendre :
Quoique trop convaincu de son inimitié,
Vous devez à ses pleurs quelque ombre de pitié.
HIPPOLYTE.
Cependant vous sortez.... et je pars : et j'ignore
Si je n'offense point les charmes que j'adore ;
J'ignore si ce cœur que je laisse en vos mains...
ARICIE.
Partez, prince, et suivez vos généreux desseins.
Rendez de mon pouvoir Athènes tributaire :
J'accepte tous les dons que vous me voulez faire.
Mais cet empire enfin, si grand, si glorieux,
N'est pas de vos présens le plus cher à mes yeux.

SCÈNE IV.

HIPPOLYTE, THÉRAMÈNE.

HIPPOLYTE.

Ami, tout est-il prêt ? Mais la reine s'avance.
Va, que pour le départ tout s'arme en diligence :
Fais donner le signal, cours, ordonne ; et revien
Me délivrer bientôt d'un fâcheux entretien.

SCÈNE V.

PHÈDRE, HIPPOLYTE, OENONE.

PHÈDRE à OEnone dans le fond du théâtre.

Le voici. Vers mon cœur tout mon sang se retire.
J'oublie en le voyant ce que je viens lui dire.
OENONE.
Souvenez-vous d'un fils qui n'espère qu'en vous.
PHÈDRE.
On dit qu'un prompt départ vous éloigne de nous,
Seigneur. A vos douleurs je viens joindre mes larmes ;
Je vous viens pour un fils expliquer mes alarmes.
Mon fils n'a plus de père, et le jour n'est pas loin
Qui de ma mort encor doit le rendre témoin.
Déjà mille ennemis attaquent son enfance :
Vous seul pouvez contre eux embrasser sa défense.
Mais un secret remords agite mes esprits :
Je crains d'avoir fermé votre oreille à ses cris ;
Je tremble que sur lui votre juste colère
Ne poursuive bientôt une odieuse mère.
HIPPOLYTE.
Madame, je n'ai point des sentimens si bas.

PHÈDRE.

Quand vous me haïriez je ne m'en plaindrois pas,
Seigneur ; vous m'avez vue attachée à vous nuire ;
Dans le fond de mon cœur vous ne pouviez pas lire.
A votre inimitié j'ai pris soin de m'offrir ;
Aux bords que j'habitois je n'ai pu vous souffrir ;
En public, en secret, contre vous déclarée,
J'ai voulu par des mers en être séparée ;
J'ai même défendu par une expresse loi
Qu'on osât prononcer votre nom devant moi.
Si pourtant à l'offense on mesure la peine,
Si la haine peut seule attirer votre haine,
Jamais femme ne fut plus digne de pitié,
Et moins digne, seigneur, de votre inimitié.

HIPPOLYTE.

Des droits de ses enfans une mère jalouse
Pardonne rarement au fils d'une autre épouse ;
Madame, je le sais : les soupçons importuns
Sont d'un second hymen les fruits les plus communs.
Toute autre auroit pour moi pris les mêmes ombrages,
Et j'en aurois peut-être essuyé plus d'outrages.

PHÈDRE.

Ah ! seigneur, que le ciel, j'ose ici l'attester,
De cette loi commune a voulu m'excepter !
Qu'un soin bien différent me trouble et me dévore !

HIPPOLYTE.

Madame, il n'est pas temps de vous troubler encore ;
Peut-être votre époux voit encore le jour ;
Le ciel peut à nos pleurs accorder son retour.
Neptune le protége, et ce dieu tutélaire
Ne sera pas en vain imploré par mon père.

PHÈDRE.

On ne voit point deux fois le rivage des morts,
Seigneur : puisque Thésée a vu les sombres bords,

En vain vous espérez qu'un dieu vous le renvoie,
Et l'avare Achéron ne lâche point sa proie.
Que dis-je! il n'est point mort, puisqu'il respire en vous.
Toujours devant mes yeux je crois voir mon époux :
Je le vois, je lui parle, et mon cœur... Je m'égare,
Seigneur ; ma folle ardeur malgré moi se déclare.

HIPPOLYTE.

Je vois de votre amour l'effet prodigieux :
Tout mort qu'il est, Thésée est présent à vos yeux ;
Toujours de son amour votre ame est embrasée.

PHÈDRE.

Oui, prince, je languis, je brûle pour Thésée :
Je l'aime, non point tel que l'ont vu les enfers,
Volage adorateur de mille objets divers,
Qui va du dieu des morts déshonorer la couche ;
Mais fidèle, mais fier, et même un peu farouche,
Charmant, jeune, traînant tous les cœurs après soi,
Tel qu'on dépeint nos dieux, ou tel que je vous voi.
Il avoit votre port, vos yeux, votre langage ;
Cette noble pudeur coloroit son visage
Lorsque de notre Crète il traversa les flots,
Digne sujet des vœux des filles de Minos.
Que faisiez-vous alors? Pourquoi sans Hippolyte
Des héros de la Grèce assembla-t-il l'élite ?
Pourquoi trop jeune encor ne pûtes-vous alors
Entrer dans le vaisseau qui le mit sur nos bords?
Par vous auroit péri le monstre de la Crète,
Malgré tous les détours de sa vaste retraite :
Pour en développer l'embarras incertain
Ma sœur du fil fatal eût armé votre main.
Mais non : dans ce dessein je l'aurois devancée,
L'amour m'en eût d'abord inspiré la pensée ;
C'est moi, prince, c'est moi dont l'utile secours
Vous eût du labyrinthe enseigné les détours.
Que de soins m'eût coûtés cette tête charmante!

Un fil n'eût point assez rassuré votre amante :
Compagne du péril qu'il vous falloit chercher,
Moi-même devant vous j'aurois voulu marcher ;
Et Phèdre au labyrinthe avec vous descendue
Se seroit avec vous retrouvée ou perdue.

HIPPOLYTE.

Dieux ! qu'est-ce que j'entends ! Madame, oubliez-vous
Que Thésée est mon père et qu'il est votre époux ?

PHÈDRE.

Et sur quoi jugez-vous que j'en perds la mémoire,
Prince ? aurois-je perdu tout le soin de ma gloire ?

HIPPOLYTE.

Madame, pardonnez : j'avoue en rougissant
Que j'accusois à tort un discours innocent.
Ma honte ne peut plus soutenir votre vue,
Et je vais...

PHÈDRE.

Ah, cruel ! tu m'as trop entendue !
Je t'en ai dit assez pour te tirer d'erreur.
Eh bien, connois donc Phèdre et toute sa fureur :
J'aime. Ne pense pas qu'au moment que je t'aime
Innocente à mes yeux je m'approuve moi-même,
Ni que du fol amour qui trouble ma raison
Ma lâche complaisance ait nourri le poison.
Objet infortuné des vengeances célestes,
Je m'abhorre encor plus que tu ne me détestes.
Les dieux m'en sont témoins, ces dieux qui dans mon flanc
Ont allumé le feu fatal à tout mon sang :
Ces dieux qui se sont fait une gloire cruelle
De séduire le cœur d'une foible mortelle.
Toi-même en ton esprit rappelle le passé :
C'est peu de t'avoir fui, cruel, je t'ai chassé ;
J'ai voulu te paroître odieuse, inhumaine ;
Pour mieux te résister j'ai recherché ta haine.
De quoi m'ont profité mes inutiles soins ?

Tu me haïssois plus, je ne t'aimois pas moins ;
Tes malheurs te prêtoient encor de nouveaux charmes.
J'ai langui, j'ai séché dans les feux, dans les larmes :
Il suffit de tes yeux pour t'en persuader
Si tes yeux un moment pouvoient me regarder.
Que dis-je ! cet aveu que je viens de te faire,
Cet aveu si honteux, le crois-tu volontaire ?
Tremblante pour un fils que je n'osois trahir,
Je te venois prier de ne le point haïr :
Foibles projets d'un cœur trop plein de ce qu'il aime !
Hélas ! je ne t'ai pu parler que de toi-même !
Venge-toi, punis-moi d'un odieux amour :
Digne fils du héros qui t'a donné le jour,
Délivre l'univers d'un monstre qui t'irrite.
La veuve de Thésée ose aimer Hippolyte !
Crois-moi, ce monstre affreux ne doit point t'échapper :
Voilà mon cœur, c'est là que ta main doit frapper.
Impatient déjà d'expier son offense,
Au devant de ton bras je le sens qui s'avance.
Frappe ; ou si tu le crois indigne de tes coups,
Si ta haine m'envie un supplice si doux,
Ou si d'un sang trop vil ta main seroit trempée,
Au défaut de ton bras prête-moi ton épée ;
Donne.

OENONE.

Que faites-vous, madame ! Justes dieux !
Mais on vient : évitez des témoins odieux.
Venez, rentrez ; fuyez une honte certaine.

SCÈNE VI.

HIPPOLYTE, THÉRAMÈNE.

THÉRAMÈNE.

Est-ce Phèdre qui fuit, ou plutôt qu'on entraîne ?

Pourquoi, seigneur, pourquoi ces marques de douleur ?
Je vous vois sans épée, interdit, sans couleur.
####### HIPPOLYTE.
Théramène, fuyons. Ma surprise est extrême :
Je ne puis sans horreur me regarder moi-même.
Phèdre... Mais non, grands dieux ! qu'en un profond oubli
Cet horrible secret demeure enseveli.
####### THÉRAMÈNE.
Si vous voulez partir la voile est préparée :
Mais Athènes, seigneur, s'est déjà déclarée ;
Ses chefs ont pris les voix de toutes ses tribus :
Votre frère l'emporte, et Phèdre a le dessus.
####### HIPPOLYTE.
Phèdre ?
####### THÉRAMÈNE.
  Un héraut chargé des volontés d'Athènes
De l'état en ses mains vient remettre les rênes.
Son fils est roi, seigneur.
####### HIPPOLYTE.
    Dieux, qui la connoissez,
Est-ce donc sa vertu que vous récompensez ?
####### THÉRAMÈNE.
Cependant un bruit sourd veut que le roi respire :
On prétend que Thésée a paru dans l'Épire :
Mais moi qui l'y cherchai, seigneur, je sais trop bien...
####### HIPPOLYTE.
N'importe ; écoutons tout et ne négligeons rien.
Examinons ce bruit, remontons à sa source.
S'il ne mérite pas d'interrompre ma course
Partons ; et, quelque prix qu'il en puisse coûter,
Mettons le sceptre aux mains dignes de le porter.

ACTE TROISIÈME.

SCÈNE I.

PHÈDRE, OENONE.

PHÈDRE.

Ah! que l'on porte ailleurs les honneurs qu'on m'envoie.
Importune, peux-tu souhaiter qu'on me voie?
De quoi viens-tu flatter mon esprit désolé?
Cache-moi bien plutôt; je n'ai que trop parlé.
Mes fureurs au dehors ont osé se répandre :
J'ai dit ce que jamais on ne devoit entendre.
Ciel! comme il m'écoutoit ! Par combien de détours
L'insensible a long-temps éludé mes discours!
Comme il ne respiroit qu'une retraite prompte!
Et combien sa rougeur a redoublé ma honte!
Pourquoi détournois-tu mon funeste dessein?
Hélas! quand son épée alloit chercher mon sein
A-t-il pâli pour moi? me l'a-t-il arrachée ?
Il suffit que ma main l'ait une fois touchée ;
Je l'ai rendue horrible à ses yeux inhumains,
Et ce fer malheureux profaneroit ses mains.

OENONE.

Ainsi, dans vos malheurs ne songeant qu'à vous
Vous nourrissez un feu qu'il vous faudroit étein
Ne vaudroit-il pas mieux, digne sang de Minos,
Dans de plus nobles soins chercher votre repos,
Contre un ingrat qui plaît recourir à la fuite,
Régner, et de l'état embrasser la conduite ?

PHÈDRE.

Moi régner ! moi ranger un état sous ma loi,

Quand ma foible raison ne règne plus sur moi!
Lorsque j'ai de mes sens abandonné l'empire!
Quand sous un joug honteux à peine je respire!
Quand je me meurs!

OENONE.

Fuyez.

PHÈDRE.

Je ne le puis quitter.

OENONE.

Vous l'osâtes bannir, vous n'osez l'éviter?

PHÈDRE.

Il n'est plus temps: il sait mes ardeurs insensées.
De l'austère pudeur les bornes sont passées;
J'ai déclaré ma honte aux yeux de mon vainqueur,
Et l'espoir malgré moi s'est glissé dans mon cœur.
Toi-même, rappelant ma force défaillante
Et mon ame déjà sur mes lèvres errante,
Par tes conseils flatteurs tu m'as su ranimer;
Tu m'as fait entrevoir que je pouvois l'aimer.

OENONE.

Hélas! de vos malheurs innocente ou coupable,
De quoi pour vous sauver n'étois-je point capable?
Mais, si jamais l'offense irrita vos esprits,
Pouvez-vous d'un superbe oublier les mépris?
Avec quels yeux cruels sa rigueur obstinée
Vous laissoit à ses pieds peu s'en faut prosternée!
Que son farouche orgueil le rendoit odieux!
Que Phèdre en ce moment n'avoit-elle mes yeux!

PHÈDRE.

OEnone, il peut quitter cet orgueil qui te blesse;
Nourri dans les forêts, il en a la rudesse.
Hippolyte, endurci par de sauvages lois,
Entend parler d'amour pour la première fois:
Peut-être sa surprise a causé son silence;

Et nos plaintes peut-être ont trop de violence.
OENONE.
Songez qu'une barbare en son sein l'a formé.
PHÈDRE.
Quoique Scythe et barbare, elle a pourtant aimé.
OENONE.
Il a pour tout le sexe une haine fatale.
PHÈDRE.
Je ne me verrai point préférer de rivale.
Enfin tous les conseils ne sont plus de saison :
Sers ma fureur, OEnone, et non pas ma raison.
Il oppose à l'amour un cœur inaccessible :
Cherchons pour l'attaquer quelque endroit plus sensible.
Les charmes d'un empire ont paru le toucher ;
Athènes l'attiroit, il n'a pu s'en cacher ;
Déjà de ses vaisseaux la pointe étoit tournée,
Et la voile flottoit aux vents abandonnée.
Va trouver de ma part ce jeune ambitieux,
OEnone : fait briller la couronne à ses yeux ;
Qu'il mette sur son front le sacré diadème :
Je ne veux que l'honneur de l'attacher moi-même.
Cédons-lui ce pouvoir que je ne puis garder.
Il instruira mon fils dans l'art de commander ;
Peut-être il voudra bien lui tenir lieu de père :
Je mets sous son pouvoir et le fils et la mère.
Pour le fléchir enfin tente tous les moyens ;
Tes discours trouveront plus d'accès que les miens:
Presse, pleure, gémis; peins-lui Phèdre mourante ;
Ne rougis point de prendre une voix suppliante:
Je t'avouerai de tout ; je n'espère qu'en toi.
Va ; j'attends ton retour pour disposer de moi.

SCÈNE II.

PHÈDRE.

O toi qui vois la honte où je suis descendue,
Implacable Vénus, suis-je assez confondue !
Tu ne saurois plus loin pousser ta cruauté :
Ton triomphe est parfait : tout tes traits ont porté.
Cruelle ! si tu veux une gloire nouvelle
Attaque un ennemi qui te soit plus rebelle.
Hippolyte te fuit, et bravant ton courroux
Jamais à tes autels n'a fléchi le genoux ;
Ton nom semble offenser ses superbes oreilles.
Déesse, venge-toi ; nos causes sont pareilles.
Qu'il aime... Mais déjà tu reviens sur tes pas,
OEnone ! On me déteste, on ne t'écoute pas.

SCÈNE III.

PHÈDRE, OENONE.

OENONE.

Il faut d'un vain amour étouffer la pensée,
Madame ; rappelez votre vertu passée :
Le roi, qu'on a cru mort, va paroître à vos yeux ;
Thésée est arrivé, Thésée est en ces lieux.
Le peuple pour le voir court et se précipite.
Je sortois par votre ordre et cherchois Hippolyte
Lorsque jusques au ciel mille cris élancés...

PHÈDRE.

Mon époux est vivant, OEnone ; c'est assez.
J'ai fait l'indigne aveu d'un amour qui l'outrage :
Il vit ; je ne veux pas en savoir davantage.

ACTE III, SCÈNE III.

OENONE.

Quoi ?

PHÈDRE.

Je te l'ai prédit, mais tu n'as pas voulu :
Sur mes justes remords tes pleurs ont prévalu :
Je mourois ce matin digne d'être pleurée ;
J'ai suivi tes conseils, je meurs déshonorée.

OENONE.

Vous mourez ?

PHÈDRE.

Juste ciel ! qu'ai-je fait aujourd'hui ?
Mon époux va paroître, et son fils avec lui !
Je verrai le témoin de ma flamme adultère
Observer de quel front j'ose aborder son père,
Le cœur gros de soupirs qu'il n'a point écoutés,
L'œil humide de pleurs par l'ingrat rebutés !
Penses-tu que, sensible à l'honneur de Thésée,
Il lui cache l'ardeur dont je suis embrasée ?
Laissera-t-il trahir et son père et son roi ?
Pourra-t-il contenir l'horreur qu'il a pour moi ?
Il se tairoit en vain : je sais mes perfidies,
OEnone, et ne suis point de ces femmes hardies
Qui, goûtant dans le crime une tranquille paix,
Ont su se faire un front qui ne rougit jamais :
Je connois mes fureurs, je les rappelle toutes ;
Il me semble déjà que ces murs, que ces voûtes
Vont prendre la parole, et, prêts à m'accuser,
Attendent mon époux pour le désabuser.
Mourons ; de tant d'horreurs qu'un trépas me délivre.
Est-ce un malheur si grand que de cesser de vivre ?
La mort aux malheureux ne cause point d'effroi ;
Je ne crains que le nom que je laisse après moi.
Pour mes tristes enfans quel affreux héritage !
Le sang de Jupiter doit enfler leur courage :
Mais, quelque juste orgueil qu'inspire un sang si beau,

Le crime d'une mére est un pesant fardeau.
Je tremble qu'un discours, hélas! trop véritable
Un jour ne leur reproche une mére coupable;
Je tremble qu'opprimés de ce poids odieux
L'un et l'autre jamais n'osent lever les yeux.

OENONE.

Il n'en faut point douter, je les plains l'un et l'autre;
Jamais crainte ne fut plus juste que la vôtre.
Mais à de tels affronts pourquoi les exposer?
Pourquoi contre vous-même allez-vous déposer?
C'en est fait: on dira que Phèdre, trop coupable,
De son époux trahi fuit l'aspect redoutable.
Hippolyte est heureux qu'aux dépens de vos jours
Vous-même en expirant appuyiez ses discours.
A votre accusateur que pourrai-je répondre?
Je serai devant lui trop facile à confondre:
De son triomphe affreux je le verrai jouir,
Et conter votre honte à qui voudra l'ouir.
Ah! que plutôt du ciel la flamme me dévore!
Mais ne me trompez point, vous est-il cher encore?
De quel œil voyez-vous ce prince audacieux?

PHÈDRE.

Je le vois comme un monstre effroyable à mes yeux.

OENONE.

Pourquoi donc lui céder une victoire entière?
Vous le craignez; osez l'accuser la première
Du crime dont il peut vous charger aujourd'hui.
Qui vous démentira? Tout parle contre lui:
Son épée en vos mains heureusement laissée,
Votre trouble présent, votre douleur passée,
Son père par vos cris dès long-temps prévenu,
Et déjà son exil par vous-même obtenu.

PHÈDRE.

Moi, que j'ose opprimer et noircir l'innocence!

OENONE.
Mon zèle n'a besoin que de votre silence.
Tremblante comme vous, je sens quelques remords?
Vous me verriez plus prompte affronter mille morts,
Mais puisque je vous perds sans ce triste remède
Votre vie est pour moi d'un prix à qui tout cède :
Je parlerai. Thésée, aigri par mes avis,
Bornera sa vengeance à l'exil de son fils.
Un père en punissant, madame, est toujours père ;
Un supplice léger suffit à sa colère.
Mais le sang innocent dût-il être versé,
Que ne demande point votre honneur menacé ?
C'est un trésor trop cher pour oser le commettre.
Quelque loi qu'il vous dicte, il faut vous y soumettre,
Madame, et pour sauver notre honneur combattu
Il faut immoler tout, et même la vertu.
On vient; je vois Thésée.

PHÈDRE.
Ah ! je vois Hippolyte;
Dans ses yeux insolens je vois ma perte écrite.
Fais ce que tu voudras, je m'abandonne à toi :
Dans le trouble où je suis je ne puis rien pour moi.

SCÈNE IV.

THÉSÉE, HIPPOLYTE, PHÈDRE, OENONE, THÉRAMÈNE.

THÉSÉE.
La fortune à mes vœux cesse d'être opposée,
Madame, et dans vos bras met...

PHÈDRE.
Arrêtez, Thésée,
Et ne profanez pas des transports si charmans.

Je ne mérite pas ces doux empressemens ;
Vous êtes offensé. La fortune jalouse
N'a pas en votre absence épargné votre épouse.
Indigne de vous plaire et de vous approcher,
Je ne dois désormais songer qu'à me cacher.

SCÈNE V.

THÉSÉE, HIPPOLYTE, THÉRAMÈNE.

THÉSÉE.

Quel est l'étrange accueil qu'on fait à votre père,
Mon fils ?

HIPPOLYTE.

Phèdre peut seule expliquer ce mystère.
Mais, si mes vœux ardens vous peuvent émouvoir,
Permettez-moi, seigneur, de ne la plus revoir ;
Souffrez que pour jamais le tremblant Hippolyte
Disparoisse des lieux que votre épouse habite.

THÉSÉE.

Vous, mon fils, me quitter ?

HIPPOLYTE.

Je ne la cherchois pas :
C'est vous qui sur ces bords conduisîtes ses pas.
Vous daignâtes, seigneur, aux rives de Trézène
Confier en partant Aricie et la reine ;
Je fus même chargé du soin de les garder.
Mais quels soins désormais peuvent me retarder ?
Assez dans les forêts mon oisive jeunesse
Sur de vils ennemis a montré son adresse :
Ne pourrai-je, en fuyant un indigne repos,
D'un sang plus glorieux teindre mes javelots ?
Vous n'aviez pas encore atteint l'âge où je touche,
Déjà plus d'un tyran, plus d'un monstre farouche

Avoit de votre bras senti la pesanteur;
Déjà, de l'insolence heureux persécuteur,
Vous aviez des deux mers assuré les rivages:
Le libre voyageur ne craignoit plus d'outrages;
Hercule, respirant sur le bruit de vos coups,
Déjà de son travail se reposoit sur vous.
Et moi, fils inconnu d'un si glorieux père,
Je suis même encor loin des traces de ma mère !
Souffrez que mon courage ose enfin s'occuper;
Souffrez, si quelque monstre a pu vous échapper,
Que j'apporte à vos pieds sa dépouille honorable,
Ou que d'un beau trépas la mémoire durable,
Eternisant des jours si noblement finis,
Prouve à tout l'avenir que j'étois votre fils.

THÉSÉE.

Que vois-je ! quelle horreur dans ces lieux répandue
Fait fuir devant mes yeux ma famille éperdue?
Si je reviens si craint et si peu désiré,
O ciel, de ma prison pourquoi m'as-tu tiré?
Je n'avois qu'un ami : son imprudente flamme
Du tyran de l'Epire alloit ravir la femme;
Je servois à regret ses desseins amoureux;
Mais le sort irrité nous aveugloit tous deux.
Le tyran m'a surpris sans défense et sans armes.
J'ai vu Pirithoüs, triste objet de mes larmes,
Livré par ce barbare à des monstres cruels
Qu'il nourrissoit du sang des malheureux mortels.
Moi-même il m'enferma dans des cavernes sombres,
Lieux profonds et voisins de l'empire des ombres.
Les dieux après six mois enfin m'ont regardé:
J'ai su tromper les yeux par qui j'étois gardé.
D'un perfide ennemi j'ai purgé la nature;
A ses monstres lui-même a servi de pâture;
Et lorsqu'avec transport je pense m'approcher
De tout ce que les dieux m'ont laissé de plus cher,

Que dis-je! quand mon ame à soi-même rendue
Vient se rassasier d'une si chère vue,
Je n'ai pour tout accueil que des frémissemens;
Tout fuit, tout se refuse à mes embrassemens,
Et moi-même éprouvant la terreur que j'inspire
Je voudrois être encor dans les prisons d'Epire.
Parlez. Phèdre se plaint que je suis outragé.
Qui m'a trahi? Pourquoi ne suis-je pas vengé?
La Grèce, à qui mon bras fut tant de fois utile,
A-t-elle au criminel accordé quelque asile?
Vous ne répondez point. Mon fils, mon propre fils,
Est-il d'intelligence avec mes ennemis?
Entrons: c'est trop garder un doute qui m'accable.
Connoissons à la fois le crime et le coupable:
Que Phèdre explique enfin le trouble où je la voi.

SCÈNE VI.

HIPPOLYTE, THÉRAMÈNE.

HIPPOLYTE.

Où tendoit ce discours qui m'a glacé d'effroi?
Phèdre, toujours en proie à sa fureur extrême,
Veut-elle s'accuser et se perdre elle-même?
Dieux! que dira le roi? Quel funeste poison
L'amour a répandu sur toute sa maison!
Moi-même, plein d'un feu que sa haine réprouve,
Quel il m'a vu jadis, et quel il me retrouve!
De noirs pressentimens viennent m'épouvanter,
Mais l'innocence enfin n'a rien à redouter.
Allons, cherchons ailleurs par quelle heureuse adresse
Je pourrai de mon père émouvoir la tendresse,
Et lui dire un amour qu'il peut vouloir troubler,
Mais que tout son pouvoir ne sauroit ébranler.

ACTE QUATRIÈME.

SCÈNE I.

THÉSÉE, OENONE.

THÉSÉE.

Ah ! qu'est-ce que j'entends ! Un traître, un téméraire
Préparoit cet outrage à l'honneur de son pére !
Avec quelle rigueur, destin, tu me poursuis !
Je ne sais où je vais, je ne sais où je suis.
O tendresse ! ô bonté trop mal récompensée !
Projet audacieux ! détestable pensée !
Pour parvenir au but de ses noires amours
L'insolent de la force empruntoit le secours !
J'ai reconnu le fer, instrument de sa rage,
Ce fer dont je l'armai pour un plus noble usage.
Tous les liens du sang n'ont pu le retenir !
Et Phèdre différoit à le faire punir !
Le silence de Phèdre épargnoit le coupable !

OENONE.

Phèdre épargnoit toujours un pére déplorable
Honteuse du dessein d'un amant furieux
Et du feu criminel qu'il a pris dans ses yeux,
Phèdre mouroit, seigneur, et sa main meurtriére
Eteignoit de ses yeux l'innocente lumiére.
J'ai vu lever le bras, j'ai couru la sauver ;
Moi seule à votre amour j'ai su la conserver,
Et plaignant à la fois son trouble et vos alarmes
J'ai servi malgré moi d'interprète à ses larmes.

THÉSÉE.
Le perfide ! il n'a pu s'empêcher de pâlir ;
De crainte en m'abordant je l'ai vu tressaillir,
Je me suis étonné de son peu d'allégresse ;
Ses froids embrassemens ont glacé ma tendresse.
Mais ce coupable amour dont il est dévoré
Dans Athènes déjà s'étoit-il déclaré ?

OENONE.
Seigneur, souvenez-vous des plaintes de la reine.
Un amour criminel causa toute sa haine.

THÉSÉE.
Et ce feu dans Trézène a donc recommencé ?

OENONE.
Je vous ai dit, seigneur, tout ce qui s'est passé.
C'est trop laisser la reine à sa douleur mortelle ;
Souffrez que je vous quitte et me range auprès d'elle.

SCÈNE II.

THÉSÉE, HIPPOLYTE.

THÉSÉE.
Ah ! le voici. Grands dieux ! à ce noble maintien
Quel œil ne seroit pas trompé comme le mien ?
Faut-il que sur le front d'un profane adultère
Brille de la vertu le sacré caractère !
Et ne devroit-on pas à des signes certains
Reconnoître le cœur des perfides humains !

HIPPOLYTE.
Puis-je vous demander quel funeste nuage,
Seigneur, a pu troubler votre auguste visage ?
N'osez-vous confier ce secret à ma foi ?

THÉSÉE.
Perfide ! oses-tu bien te montrer devant moi ?

Monstre qu'a trop long-temps épargné le tonnerre,
Reste impur des brigands dont j'ai purgé la terre!
Après que le transport d'un amour plein d'horreur
Jusqu'au lit de ton père a porté ta fureur,
Tu m'oses présenter une tête ennemie!
Tu parois dans des lieux pleins de ton infamie,
Et ne vas pas chercher sous un ciel inconnu
Des pays où mon nom ne soit pas parvenu!
Fuis, traître : ne viens point braver ici ma haine,
Et tenter un courroux que je retiens à peine.
C'est bien assez pour moi de l'opprobre éternel
D'avoir pu mettre au jour un fils si criminel
Sans que ta mort encor, honteuse à ma mémoire,
De mes nobles travaux vienne souiller la gloire.
Fuis, et si tu ne veux qu'un châtiment soudain
T'ajoute aux scélérats qu'a punis cette main,
Prends garde que jamais l'astre qui nous éclaire
Ne te voie en ces lieux mettre un pied téméraire.
Fuis, dis-je, et sans retour précipitant tes pas
De ton horrible aspect purge tous mes états.
Et toi, Neptune, et toi, si jadis mon courage
D'infâmes assassins nettoya ton rivage,
Souviens-toi que pour prix de mes efforts heureux
Tu promis d'exaucer le premier de mes vœux.
Dans les longues rigueurs d'une prison cruelle
Je n'ai point imploré ta puissance immortelle;
Avare du secours que j'attends de tes soins,
Mes vœux t'ont réservé pour de plus grands besoins :
Je t'implore aujourd'hui. Venge un malheureux père!
J'abandonne ce traître à toute ta colère;
Etouffe dans son sang ses désirs effrontés.
Thésée à tes fureurs connoîtra tes bontés.

HIPPOLYTE.

D'un amour criminel Phèdre accuse Hippolyte!
Un tel excès d'horreur rend mon ame interdite:

Tant de coups imprévus m'accablent à la fois
Qu'ils m'ôtent la parole et m'étouffent la voix.

THÉSÉE.

Traître, tu prétendois qu'en un lâche silence
Phèdre enseveliroit ta brutale insolence :
Il falloit en fuyant ne pas abandonner
Le fer qui dans ses mains aide à te condamner;
Ou plutôt il falloit, comblant ta perfidie,
Lui ravir tout d'un coup la parole et la vie.

HIPPOLYTE.

D'un mensonge si noir justement irrité,
Je devrois faire ici parler la vérité,
Seigneur; mais je supprime un secret qui vous touche.
Approuvez le respect qui me ferme la bouche,
Et sans vouloir vous-même augmenter vos ennuis
Examinez ma vie, et songez qui je suis.
Quelques crimes toujours précèdent les grands crimes;
Quiconque a pu franchir les bornes légitimes
Peut violer enfin les droits les plus sacrés.
Ainsi que la vertu le crime a ses degrés,
Et jamais on n'a vu la timide innocence
Passer subitement à l'extrême licence.
Un jour seul ne fait point d'un mortel vertueux
Un perfide assassin, un lâche incestueux.
Elevé dans le sein d'une chaste héroïne,
Je n'ai point de son sang démenti l'origine :
Pitthée, estimé sage entre tous les humains,
Daigna m'instruire encore au sortir de ses mains.
Je ne veux point me peindre avec trop d'avantage;
Mais si quelque vertu m'est tombée en partage,
Seigneur, je crois surtout avoir fait éclater
La haine des forfaits qu'on ose m'imputer.
C'est par là qu'Hippolyte est connu dans la Grèce.
J'ai poussé la vertu jusques à la rudesse;

On sait de mes chagrins l'inflexible rigueur :
Le jour n'est pas plus pur que le fond de mon cœur.
Et l'on veut qu'Hippolyte, épris d'un feu profane...

THÉSÉE.

Oui, c'est ce même orgueil, lâche, qui te condamne.
Je vois de tes froideurs le principe odieux :
Phèdre seule charmoit tes impudiques yeux,
Et pour tout autre objet ton ame indifférente
Dédaignoit de brûler d'une flamme innocente.

HIPPOLYTE.

Non, mon père, ce cœur, c'est trop vous le celer,
N'a point d'un chaste amour dédaigné de brûler.
Je confesse à vos pieds ma véritable offense :
J'aime ; j'aime, il est vrai, malgré votre défense.
Aricie à ses lois tient mes vœux asservis :
La fille de Pallante a vaincu votre fils ;
Je l'adore, et mon ame à vos ordres rebelle
Ne peut ni soupirer ni brûler que pour elle.

THÉSÉE.

Tu l'aimes ? ciel ! mais non, l'artifice est grossier :
Tu te feins criminel pour te justifier.

HIPPOLYTE.

Seigneur, depuis six mois je l'évite et je l'aime :
Je venois en tremblant vous le dire à vous-même.
Eh quoi ! de votre erreur rien ne vous peut tirer ?
Par quel affreux serment faut-il vous rassurer ?
Que la terre, le ciel, que toute la nature...

THÉSÉE.

Toujours les scélérats ont recours au parjure.
Cesse, cesse, et m'épargne un importun discours
Si ta fausse vertu n'a point d'autre secours.

HIPPOLYTE.

Elle vous paroît fausse et pleine d'artifice.
Phèdre au fond de son cœur me rend plus de justice.

THÉSÉE.
Ah! que ton impudence excite mon courroux!
HIPPOLYTE.
Quel temps à mon exil, quel lieu prescrivez-vous?
THÉSÉE.
Fusses-tu par-delà les colonnes d'Alcide,
Je me croirois encore trop voisin d'un perfide.
HIPPOLYTE.
Chargé d'un crime affreux dont vous me soupçonnez,
Quels amis me plaindront quand vous m'abandonnez?
THÉSÉE.
Va chercher des amis dont l'estime funeste
Honore l'adultère, applaudisse à l'inceste,
Des traîtres, des ingrats sans honneur et sans loi,
Dignes de protéger un méchant tel que toi.
HIPPOLYTE.
Vous me parlez toujours d'inceste et d'adultère :
Je me tais. Cependant Phèdre sort d'une mère,
Phèdre est d'un sang, seigneur, vous le savez trop bien,
De toutes ces horreurs plus rempli que le mien.
THÉSÉE.
Quoi! ta rage à mes yeux perd toute retenue?
Pour la dernière fois ôte-toi de ma vue.
Sors, traître : n'attends pas qu'un père furieux
Te fasse avec opprobre arracher de ces lieux.

SCÈNE III.

THÉSÉE.

Misérable, tu cours à ta perte infaillible.
Neptune, par le fleuve aux dieux même terrible,
M'a donné sa parole, et va l'exécuter.

Un dieu vengeur te suit, tu ne peux l'éviter.
Je t'aimois, et je sens que malgré ton offense
Mes entrailles pour toi se troublent par avance;
Mais à te condamner tu m'as trop engagé.
Jamais père en effet fut-il plus outragé!
Justes dieux, qui voyez la douleur qui m'accable,
Ai-je pu mettre au jour un enfant si coupable!

SCÈNE IV.
PHÈDRE, THESÉE.

PHÈDRE.

Seigneur, je viens à vous pleine d'un juste effroi.
Votre voix redoutable a passé jusqu'à moi:
Je crains qu'un prompt effet n'ait suivi la menace.
S'il en est temps encore, épargnez votre race,
Respectez votre sang; j'ose vous en prier:
Sauvez-moi de l'horreur de l'entendre crier;
Ne me préparez point la douleur éternelle
De l'avoir fait répandre à la main paternelle.

THÉSÉE.

Non, madame, en mon sang ma main n'a point trempé,
Mais l'ingrat toutefois ne m'est point échappé:
Une immortelle main de sa perte est chargée;
Neptune me la doit; et vous serez vengée.

PHÈDRE.

Neptune vous la doit! Quoi! vos vœux irrités...

THÉSÉE.

Quoi! craignez-vous déjà qu'ils ne soient écoutés?
Joignez-vous bien plutôt à mes vœux légitimes:
Dans toute leur noirceur retracez-moi ses crimes;
Echauffez mes transports trop lents, trop retenus.
Tous ses crimes encor ne vous sont pas connus:

Sa fureur contre vous se répand en injures;
Votre bouche, dit-il, est pleine d'impostures.
Il soutient qu'Aricie a son cœur, a sa foi,
Qu'il l'aime.

PHÈDRE.

Quoi, seigneur!

THÉSÉE.

Il l'a dit devant moi :
Mais je sais rejeter un frivole artifice.
Espérons de Neptune une prompte justice :
Je vais moi-même encore au pied de ses autels
Le presser d'accomplir ses sermens immortels.

SCÈNE V.

PHÈDRE.

Il sort. Quelle nouvelle a frappé mon oreille!
Quel feu mal étouffé dans mon cœur se réveille!
Quel coup de foudre, oh, ciel! et quel funeste avis!
Je volois tout entière au secours de son fils,
Et, m'arrachant des bras d'OEnone épouvantée,
Je cédois aux remords dont j'étois tourmentée.
Qui sait même où m'alloit porter ce repentir?
Peut-être à m'accuser j'aurois pu consentir;
Peut-être, si la voix ne m'eût été coupée,
L'affreuse vérité me seroit échappée.
Hippolyte est sensible et ne sent rien pour moi!
Aricie a son cœur! Aricie a sa foi!
Ah, dieux! lorsqu'à mes vœux l'ingrat inexorable
S'armoit d'un œil si fier, d'un front si redoutable,
Je pensois qu'à l'amour son cœur toujours fermé
Fût contre tout mon sexe également armé.
Une autre cependant a fléchi son audace;

ACTE IV, SCÈNE VI.

Devant ses yeux cruels une autre a trouvé grâce,
Peut-être a-t-il un cœur facile à s'attendrir :
Je suis le seul objet qu'il ne sauroit souffrir.
Et je me chargerois du soin de le défendre !

SCÈNE VI.

PHÈDRE, OENONE.

PHÈDRE.

Chère OEnone, sais-tu ce que je viens d'apprendre ?

OENONE.

Non ; mais je viens tremblante, à ne vous pas mentir :
J'ai pâli du dessein qui vous a fait sortir ;
J'ai craint une fureur à vous-même fatale.

PHÈDRE.

OEnone, qui l'eût cru ! j'avois une rivale !

OENONE.

Comment ?

PHÈDRE.

Hippolyte aime, et je n'en puis douter.
Ce farouche ennemi qu'on ne pouvoit dompter,
Qu'offensoit le respect, qu'importunoit la plainte,
Ce tigre que jamais je n'abordai sans crainte,
Soumis, apprivoisé, reconnoît un vainqueur :
Aricie a trouvé le chemin de son cœur.

OENONE.

Aricie ?

PHÈDRE.

Ah ! douleur non encore éprouvée !
A quel nouveau tourment je me suis réservée !
Tout ce que j'ai souffert, mes craintes, mes transports,
La fureur de mes feux, l'horreur de mes remords,
Et d'un refus cruel l'insupportable injure,

N'étoit qu'un foible essai du tourment que j'endure.
Ils s'aiment! Par quel charme ont-ils trompé mes yeux?
Comment se sont-ils vus? depuis quand? dans quels lieux?
Tu le savois : pourquoi me laissois-tu séduire?
De leur furtive ardeur ne pouvois-tu m'instruire?
Les a-t-on vus souvent se parler, se chercher?
Dans le fond des forêts alloient-ils se cacher?
Hélas! ils se voyoient avec pleine licence;
Le ciel de leurs soupirs approuvoit l'innocence;
Ils suivoient sans remords leur penchant amoureux;
Tous les jours se levoient clairs et sereins pour eux.
Et moi, triste rebut de la nature entière,
Je me cachois au jour, je fuyois la lumière :
La mort est le seul dieu que j'osois implorer.
J'attendois le moment où j'allois expirer :
Me nourrissant de fiel, de larmes abreuvée,
Encor dans mon malheur de trop près observée,
Je n'osois dans mes pleurs me noyer à loisir;
Je goûtois en tremblant ce funeste plaisir,
Et sous un front serein déguisant mes alarmes
Il falloit bien souvent me priver de mes larmes.

OENONE.

Quel fruit recevront-ils de leurs vaines amours?
Ils ne se verront plus.

PHÈDRE.

Ils s'aimeront toujours!
Au moment que je parle, ah! mortelle pensée!
Ils bravent la fureur d'une amante insensée :
Malgré ce même exil qui va les écarter,
Ils font mille sermens de ne se point quitter.
Non, je ne puis souffrir un bonheur qui m'outrage,
OEnone; prends pitié de ma jalouse rage :
Il faut perdre Aricie; il faut de mon époux
Contre un sang odieux réveiller le courroux :
Qu'il ne se borne pas à des peines légères.

ACTE IV, SCÈNE VI.

Le crime de la sœur passe celui des frères.
Dans mes jaloux transports je le veux implorer.
Que fais-je? où ma raison se va-t-elle égarer?
Moi jalouse! et Thésée est celui que j'implore.
Mon époux est vivant, et moi je brûle encore?
Pour qui? quel est le cœur où prétendent mes vœux?
Chaque mot sur mon front fait dresser mes cheveux.
Mes crimes désormais ont comblé la mesure :
Je respire à la fois l'inceste et l'imposture;
Mes homicides mains, promptes à me venger,
Dans le sang innocent brûlent de se plonger.
Misérable! Et je vis! et je soutiens la vue
De ce sacré soleil dont je suis descendue!
J'ai pour aïeul le père et le maître des dieux;
Le ciel, tout l'univers est plein de mes aïeux :
Où me cacher? Fuyons dans la nuit infernale.
Mais que dis-je! mon père y tient l'urne fatale;
Le sort, dit-on, l'a mise en ses sévères mains :
Minos juge aux enfers tous les pâles humains.
Ah! combien frémira son ombre épouvantée
Lorsqu'il verra sa fille à ses yeux présentée,
Contrainte d'avouer tant de forfaits divers,
Et des crimes peut-être inconnus aux enfers!
Que diras-tu, mon père, à ce spectacle horrible?
Je crois voir de ta main tomber l'urne terrible;
Je crois te voir, cherchant un supplice nouveau,
Toi-même de ton sang devenir le bourreau.
Pardonne. Un dieu cruel a perdu ta famille :
Reconnois sa vengeance aux fureurs de ta fille.
Hélas! du crime affreux dont la honte me suit
Jamais mon triste cœur n'a recueilli le fruit :
Jusqu'au dernier soupir de malheurs poursuivie,
Je rends dans les tourmens une pénible vie.

OENONE.

Ah! repoussez, madame, une injuste terreur,

Regardez d'un autre œil une excusable erreur.
Vous aimez. On ne peut vaincre sa destinée :
Par un charme fatal vous fûtes entraîné.
Est-ce donc un prodige inouï parmi nous ?
L'amour n'a-t-il encor triomphé que de vous !
La foiblesse aux humains n'est que trop naturelle :
Mortelle, subissez le sort d'une mortelle.
Vous vous plaignez d'un joug imposé dès long-temps;
Les dieux même, les dieux de l'Olympe habitans,
Qui d'un bruit si terrible épouvantent les crimes,
Ont brûlé quelquefois de feux illégitimes.

PHÈDRE.

Qu'entends-je ! Quels conseils ose-t-on me donner !
Ainsi donc jusqu'au bout tu veux m'empoisonner !
Malheureuse ! Voilà comme tu m'as perdue.
Au jour que je fuyois c'est toi qui m'a rendue ;
Tes prières m'ont fait oublier mon devoir :
J'évitois Hippolyte, et tu me l'as fait voir.
De quoi te chargeois-tu ? Pourquoi ta bouche impie
A-t-elle en l'accusant osé noircir sa vie ?
Il en mourra peut-être, et d'un père insensé
Le sacrilège vœu peut-être est exaucé.
Je ne t'écoute plus. Va-t'en, monstre exécrable ;
Va, laisse-moi le soin de mon sort déplorable.
Puisse le juste ciel dignement te payer !
Et puisse ton supplice à jamais effrayer
Tous ceux qui comme toi par de lâches adresses
Des princes malheureux nourrissent les foiblesses,
Les poussent au penchant où leur cœur est enclin,
Et leur osent du crime aplanir le chemin !
Détestables flatteurs, présent le plus funeste
Que puisse faire aux rois la colère céleste !

OENONE seule.

Ah, dieux ! pour la servir j'ai tout fait, tout quitté ;
Et j'en reçois ce prix ! Je l'ai bien mérité.

ACTE CINQUIÈME.

SCÈNE I.

HIPPOLYTE, ARICIE, ISMÈNE.

ARICIE.
Quoi! vous pouvez vous taire en ce péril extrême?
Vous laissez dans l'erreur un père qui vous aime
Cruel! si de mes pleurs méprisant le pouvoir
Vous consentez sans peine à ne me plus revoir,
Partez, séparez-vous de la triste Aricie;
Mais du moins en partant assurez votre vie,
Défendez votre honneur d'un reproche honteux,
Et forcez votre père à révoquer ses vœux :
Il en est temps encore. Pourquoi, par quel caprice
Laissez-vous le champ libre à votre accusatrice?
Eclaircissez Thésée.

HIPPOLYTE.
Eh! que n'ai-je point dit!
Ai-je dû mettre au jour l'opprobre de son lit?
Devois-je en lui faisant un récit trop sincère
D'une indigne rougeur couvrir le front d'un père.
Vous seule avez percé ce mystère odieux.
Mon cœur pour s'épancher n'a que vous et les dieux.
Je n'ai pu vous cacher, jugez si je vous aime,
Tout ce que je voulois me cacher à moi-même,
Mais songez sous quel sceau je vous l'ai révélé :
Oubliez s'il se peut que je vous ai parlé,
Madame, et que jamais une bouche si pure
Ne s'ouvre pour conter cette horrible aventure.

Sur l'équité des dieux osons nous confier :
Ils ont trop d'intérêt à me justifier ;
Et Phèdre, tôt ou tard de son crime punie,
N'en sauroit éviter la juste ignominie.
C'est l'unique respect que j'exige de vous.
Je permets tout le reste à mon libre courroux :
Sortez de l'esclavage où vous êtes réduite ;
Osez me suivre, osez accompagner ma fuite ;
Arrachez-vous d'un lieu funeste et profané,
Où la vertu respire un air empoisonné ;
Profitez pour cacher votre prompte retraite
De la confusion que ma disgrâce y jette.
Je vous puis de la fuite assurer les moyens :
Vous n'avez jusqu'ici de gardes que les miens ;
De puissans défenseurs prendront notre querelle :
Argos nous tend les bras, et Sparte nous appelle.
A nos amis communs portons nos justes cris :
Ne souffrez pas que Phèdre assemblant nos débris
Du trône paternel nous chasse l'un et l'autre,
Et promette à son fils ma dépouille et la vôtre.
L'occasion est belle, il la faut embrasser...
Quelle peur vous retient? vous semblez balancer!
Votre seul intérêt m'inspire cette audace :
Quand je suis tout de feu d'où vous vient cette glace?
Sur les pas d'un banni craignez-vous de marcher?

ARICIE.

Hélas! qu'un tel exil, seigneur, me seroit cher!
Dans quels ravissemens, à votre sort liée,
Du reste des mortels je vivrois oubliée!
Mais n'étant point unis par un lien si doux,
Me puis-je avec honneur dérober avec vous?
Je sais que sans blesser l'honneur le plus sévère
Je me puis affranchir des mains de votre père :
Ce n'est point m'arracher du sein de mes parens,
Et la fuite est permise à qui fuit ses tyrans.

Mais vous m'aimez, seigneur ! et ma gloire alarmée...
HIPPOLYTE.
Non, non ; j'ai trop de soin de votre renommée :
Un plus noble dessein m'amène devant vous.
Fuyez vos ennemis, et suivez votre époux.
Libre dans nos malheurs, puisque le ciel l'ordonne,
Le don de notre foi ne dépend de personne :
L'hymen n'est point toujours entouré de flambeaux.
Aux portes de Trézène et parmi ces tombeaux
Des princes de ma race antiques sépultures
Est un temple sacré, formidable aux parjures :
C'est là que les mortels n'osent jurer en vain;
Le perfide y reçoit un châtiment soudain,
Et, craignant d'y trouver la mort inévitable,
Le mensonge n'a point de frein plus redoutable.
Là, si vous m'en croyez, d'un amour éternel
Nous irons confirmer le serment solennel.
Nous prendrons à témoin le dieu qu'on y révère :
Nous le prierons tous deux de nous servir de père.
Des dieux les plus sacrés j'attesterai le nom;
Et la chaste Diane, et l'auguste Junon,
Et tous les dieux enfin témoins de mes tendresses
Garantiront la foi de mes saintes promesses.
ARICIE.
Le roi vient. Fuyez, prince, et partez promptement :
Pour cacher mon départ je demeure un moment.
Allez, et laissez-moi quelque fidèle guide
Qui conduise vers vous ma démarche timide.

SCÈNE II.
THÉSÉE, ARICIE, ISMÈNE.
THÉSÉE.
Dieux, éclairez mon trouble, et daignez à mes yeux

Montrer la vérité que je cherche en ces lieux!
ARICIE.
Songe à tout, chère Ismène, et sois prête à la fuite.

SCÈNE III.

THESÉE, ARICIE.

THÉSÉE.

Vous changez de couleur et semblez interdite,
Madame. Que faisoit Hippolyte en ce lieu?
ARICIE.
Seigneur, il me disoit un éternel adieu.
THÉSÉE.
Vos yeux ont su dompter ce rebelle courage,
Et ses premiers soupirs sont votre heureux ouvrage.
ARICIE.
Seigneur, je ne vous puis nier la vérité:
De votre injuste haine il n'a pas hérité;
Il ne me traitoit point comme une criminelle.
THÉSÉE.
J'entends: il vous juroit une amour éternelle.
Ne vous assurez point sur ce cœur inconstant;
Car à d'autres que vous il en juroit autant.
ARICIE.
Lui, seigneur?
THÉSÉE.
Vous deviez le rendre moins volage:
Comment souffriez-vous cet horrible partage?
ARICIE.
Et comment souffrez-vous que d'horribles discours
D'une si belle vie osent noircir le cours?
Avez-vous de son cœur si peu de connoissance?
Discernez-vous si mal le crime et l'innocence?

ACTE V, SCÈNE IV.

Faut-il qu'à vos yeux seuls un nuage odieux
Dérobe sa vertu, qui brille à tous les yeux!
Ah! c'est trop le livrer à des langues perfides.
Cessez, repentez-vous de vos vœux homicides;
Craignez, seigneur, craignez que le ciel rigoureux
Ne vous haïsse assez pour exaucer vos vœux.
Souvent dans sa colère il reçoit nos victimes :
Ses présens sont souvent la peine de nos crimes.

THÉSÉE.

Non, vous voulez en vain couvrir son attentat:
Votre amour vous aveugle en faveur de l'ingrat.
Mais j'en crois des témoins certains, irréprochables :
J'ai vu, j'ai vu couler des larmes véritables.

ARICIE

Prenez garde, seigneur; vos invincibles mains
Ont de monstres sans nombre affranchi les humains:
Mais tout n'est pas détruit, et vous en laissez vivre
Un... Votre fils, seigneur, me défend de poursuivre.
Instruite du respect qu'il veut vous conserver,
Je l'affligeroit trop si j'osois achever.
J'imite sa pudeur, et fuis votre présence
Pour n'être pas forcée à rompre le silence.

SCÈNE IV.

THESÉE.

Quelle est donc sa pensée? et que cache un discours
Commencé tant de fois, interrompu toujours ?
Veulent-ils m'éblouir par une feinte vaine?
Sont-ils d'accord tous deux pour me mettre à la gêne?
Mais moi-même malgré ma sévère rigueur
Quelle plaintive voix crie au fond de mon cœur?
Une piété secrète et m'afflige et m'étonne.

Une seconde fois interrogeons OEnone;
Je veux de tout le crime être mieux éclairci.
Gardes, qu'OEnone sorte et vienne seule ici.

SCÈNE V.

THESÉE, PANOPE.

PANOPE.

J'ignore le projet que la reine médite,
Seigneur, mais je crains tout du transport qui l'agite.
Un mortel désespoir sur son visage est peint;
La pâleur de la mort est déjà sur son teint.
Déjà, de sa présence avec honte chassée.
Dans la profonde mer OEnone s'est lancée.
On ne sait point d'où part ce dessein furieux :
Et les flots pour jamais l'ont ravie à nos yeux.

THÉSÉE.

Qu'entends-je!

PANOPE.

Son trépas n'a point calmé la reine;
Le trouble semble croître en son ame incertaine.
Quelquefois pour flatter ses secrètes douleurs
Elle prend ses enfans et les baigne de pleurs;
Et soudain, renonçant à l'amour maternelle,
Sa main avec horreur les repousse loin d'elle.
Elle porte au hasard ses pas irrésolus.
Son œil tout égaré ne nous reconnoît plus;
Elle a trois fois écrit, et changeant de pensée
Trois fois elle a rompu sa lettre commencée.
Daignez la voir, seigneur, daignez la secourir.

THÉSÉE.

Oh ciel! OEnone est morte et Phèdre veut mourir!
Qu'on rappelle mon fils, qu'il vienne se défendre;

Qu'il vienne me parler, je suis prêt de l'entendre?
(Seul.)
Ne précipite point tes funestes bienfaits,
Neptune ; j'aime mieux n'être exaucé jamais.
J'ai peut-être trop cru des témoins peu fidèles,
Et j'ai trop tôt vers toi levé mes mains cruelles.
Ah! de quel désespoir mes vœux seroient suivis!

SCÈNE VI.

THÉSÉE, THÉRAMÈNE.

THÉSÉE.

Théramène, est-ce toi? Qu'as-tu fait de mon fils?
Je te l'ai confié dès l'âge le plus tendre.
Mais d'où naissent les pleurs que je te vois répandre?
Que fait mon fils?

THÉRAMÈNE.

O soins tardifs et superflus!
Inutile tendresse! Hippolyte n'est plus.

THÉSÉE.

Dieux!

THÉRAMÈNE.

J'ai vu des mortels périr le plus aimable,
Et j'ose dire encor, seigneur, le moins coupable.

THÉSÉE.

Mon fils n'est plus! Eh quoi! quand je lui tends les bras
Les dieux impatiens ont hâté son trépas!
Quel coup me l'a ravi? quelle foudre soudaine?

THÉRAMÈNE.

A peine nous sortions des portes de Trézène,
Il étoit sur son char; ses gardes affligés
Imitoient son silence autour de lui rangés :
Il suivoit tout pensif le chemin de Mycènes;

Sa main sur les chevaux laissoit flotter les rênes ;
Ses superbes coursiers qu'on voyoit autrefois
Pleins d'une ardeur si noble obéir à sa voix,
L'œil morne maintenant et la tête baissée,
Sembloient se conformer à sa triste pensée.
Un effroyable cri, sorti du fond des flots,
Des airs en ce moment a troublé le repos ;
Et du sein de la terre une voix formidable
Répond en gémissant à ce cri redoutable.
Jusqu'au fond de nos cœurs notre sang s'est glacé :
Des coursiers attentifs le crin s'est hérissé.
Cependant sur le dos de la plaine liquide
S'élève à gros bouillons une montagne humide :
L'onde approche, se brise et vomit à nos yeux
Parmi des flots d'écume un monstre furieux.
Son front large est armé de cornes menaçantes ;
Tout son corps est couvert d'écailles jaunissantes ;
Indomptable taureau, dragon impétueux,
Sa croupe se recourbe en replis tortueux ;
Ses longs mugissemens font trembler le rivage.
Le ciel avec horreur voit ce monstre sauvage,
La terre s'en émeut, l'air en est infecté ;
Le flot qui l'apporta recule épouvanté.
Tout fuit, et sans s'armer d'un courage inutile
Dans le temple voisin chacun cherche un asile.
Hippolyte lui seul, digne fils d'un héros,
Arrête ses coursiers, saisit ses javelots,
Pousse au monstre, et d'un dard lancé d'une main sûre
Il lui fait dans le flanc une large blessure.
De rage et de douleur le monstre bondissant
Vient aux pieds des chevaux tomber en mugissant,
Se roule, et leur présente une gueule enflammée
Qui les couvre de feu, de sang et de fumée.
La frayeur les emporte, et, sourds à cette fois,
Ils ne connoissent plus ni le frein ni la voix.

En efforts impuissans leur maître se consume ;
Ils rougissent le mors d'une sanglante écume.
On dit qu'on a vu même en ce désordre affreux
Un dieu qui d'aiguillons pressoit leurs flancs poudreux
A travers les rochers la peur les précipite.
L'essieu crie et se rompt ; l'intrépide Hippolyte
Voit voler en éclats tout son char fracassé ;
Dans les rênes lui-même il tombe embarrassé.
Excusez ma douleur : cette image cruelle
Sera pour moi de pleurs une source éternelle.
J'ai vu, seigneur, j'ai vu votre malheureux fils
Traîné par les chevaux que sa main a nourris.
Il veut les rappeler, et sa voix les effraie ;
Ils courent : tout son corps n'est bientôt qu'une plaie,
De nos cris douloureux la plaine retentit.
Leur fougue impétueuse enfin se ralentit :
Ils s'arrêtent non loin de ces tombeaux antiques
Où des rois ses aïeux sont les froides reliques.
J'y cours en soupirant, et sa garde me suit ;
De son généreux sang la trace nous conduit ;
Les rochers en sont teints, les ronces dégouttantes
Portent de ses cheveux les dépouilles sanglantes.
J'arrive, je l'appelle, et me tendant la main
Il ouvre un œil mourant qu'il referme soudain :
« Le ciel, dit-il, m'arrache une innocente vie.
Prends soin après ma mort de la triste Aricie.
Cher ami, si mon père un jour désabusé
Plaint le malheur d'un fils faussement accusé,
Pour apaiser mon sang et mon ombre plaintive
Dis-lui qu'avec douceur il traite sa captive ;
Qu'il lui rende... » A ce mot ce héros expiré
N'a laissé dans mes bras qu'un corps défiguré
Triste objet où des dieux triomphe la colère,
Et que méconnoîtroit l'œil même de son père.

THÉSÉE.

O mon fils ! cher espoir que je me suis ravi !
Inexorables dieux qui m'avez trop servi !
A quel mortels regrets mon ame est réservée !

THÉRAMÈN.

La timide Aricie est alors arrivée :
Elle venoit, seigneur, fuyant votre courroux,
A la face des dieux l'accepter pour époux.
Elle approche, elle voit l'herbe rouge et fumante ;
Elle voit (quel objet pour les yeux d'une amante !)
Hippolyte étendu sans forme et sans couleur.
Elle veut quelque temps douter de son malheur,
Et, ne connoissant plus ce héros qu'elle adore,
Elle voit Hippolyte et le demande encore.
Mais trop sûre à la fin qu'il est devant ses yeux,
Par un triste regard elle accuse les dieux :
Et froide, gémissante et presque inanimée,
Aux pieds de son amant elle tombe pâmée.
Ismène est auprès d'elle ; Ismène tout en pleurs
La rappelle à la vie ou plutôt aux douleurs.
Et moi je suis venu, détestant la lumière,
Vous dire d'un héros la volonté dernière,
Et m'acquitter, seigneur, du malheureux emploi
Dont son cœur expirant s'est reposé sur moi.
Mais j'aperçois venir sa mortelle ennemie.

SCÈNE VII.

THÉSÉE, PHÈDRE, THÉRAMÈNE, PANOPE,
GARDES.

THÉSÉE.

Eh bien ! vous triomphez, et mon fils est sans vie.
Ah ! que j'ai lieu de craindre ! et qu'un cruel soupçon

ACTE V, SCÈNE VII.

L'excusant dans mon cœur m'alarme avec raison !
Mais, madame, il est mort ; prenez votre victime ;
Jouissez de sa perte injuste ou légitime :
Je consens que mes yeux soient toujours abusés.
Je le crois criminel puisque vous l'accusez.
Son trépas à mes pleurs offre assez de matières
Sans que j'aille chercher d'odieuses lumières,
Qui, ne pouvant le rendre à ma juste douleur,
Peut-être ne feroient qu'accroître mon malheur.
Laissez-moi, loin de vous et loin de ce rivage,
De mon fils déchiré fuir la sanglante image.
Confus, persécuté d'un mortel souvenir,
De l'univers entier je voudrois me bannir.
Tout semble s'élever contre mon injustice :
L'éclat de mon nom même augmente mon supplice.
Moins connu des mortels, je me cacherois mieux.
Je hais jusques aux soins dont m'honorent les dieux.
Et je m'en vais pleurer leurs faveurs meurtrières
Sans plus les fatiguer d'inutiles prières.
Quoi qu'ils fissent pour moi, leur funeste bonté
Ne me sauroit payer de ce qu'ils m'ont ôté.

PHÈDRE.

Non, Thésée, il faut rompre un indigne silence :
Il faut à votre fils rendre son innocence :
Il n'étoit point coupable.

THÉSÉE.

Ah ! père infortuné !
Et c'est sur votre foi que je l'ai condamné !
Cruelle ! pensez-vous être assez excusée ?

PHÈDRE.

Les momens me sont chers ; écoutez-moi, Thésée.
C'est moi qui sur ce fils chaste et respectueux
Osai jeter un œil profane, incestueux.
Le ciel mit dans mon sein une flamme funeste :

La détestable OEnone a conduit tout le reste.
Elle a craint qu'Hippolyte, instruit de ma fureur,
Ne découvrît un feu qui lui faisoit horreur.
La perfide, abusant de ma foiblesse extrême,
S'est hâtée à vos yeux de l'accuser lui-même.
Elle s'en est punie, et fuyant mon courroux
A cherché dans les flots un supplice trop doux.
Le fer auroit déjà tranché ma destinée ;
Mais je laissois gémir la vertu soupçonnée :
J'ai voulu, devant vous exposant mes remords,
Par un chemin plus lent descendre chez les morts.
J'ai pris, j'ai fait couler dans mes brûlantes veines
Un poison que Médée apporta dans Athènes.
Déjà jusqu'à mon cœur le venin parvenu
Dans ce cœur expirant jette un froid inconnu ;
Déjà je ne vois plus qu'à travers un nuage
Et le ciel et l'époux que ma présence outrage ;
Et la mort, à mes yeux dérobant la clarté,
Rend au jour qu'ils souilloient toute sa pureté.

PANOPE.

Elle expire, seigneur !

THÉSÉE.

D'une action si noire
Que ne peut avec elle expirer la mémoire !
Allons, de mon erreur, hélas ! trop éclaircis,
Mêler nos pleurs au sang de mon malheureux fils.
Allons de ce cher fils embrasser ce qui reste,
Expier la fureur d'un vœu que je déteste :
Rendons-lui les honneurs qu'il a trop mérités,
Et pour mieux apaiser ses mânes irrités
Que, malgré les complots d'une injuste famille,
Son amante aujourd'hui me tienne lieu de fille.

FIN DE PHÈDRE.

ESTHER,
TRAGÉDIE
TIRÉE DE L'ÉCRITURE SAINTE.
(1689.)

PROLOGUE.

La Piété.

PERSONNAGES.

Assuérus, roi de Perse.
Esther, reine de Perse.
Mardochée, oncle d'Esther.
Aman, favori d'Assuérus.
Zarès, femme d'Aman.
Hydaspe, officier du palais intérieur d'Assuérus.
Asaph, autre officier d'Assuérus.
Elise, confidente d'Esther.
Thamar, Israélite de la suite d'Esther.
Gardes du roi Assuérus.
Choeur de jeunes filles israélites.

La scène est à Suse, dans le palais d'Assuérus.

PROLOGUE.

LA PIÉTÉ.

Du séjour bienheureux de la Divinité
Je descends dans ce lieu (1) par la Grâce habité :
L'Innocence s'y plait, ma compagne éternelle,
Et n'a point sous les cieux d'asile plus fidèle.
Ici, loin du tumulte, aux devoirs les plus saints
Tout un peuple naissant est formé par mes mains :
Je nourris dans son cœur la semence féconde
Des vertus dont il doit sanctifier le monde.
Un roi qui me protège, un roi victorieux
A commis à mes soins ce dépôt précieux.
C'est lui qui rassembla ces colombes timides.
Éparses en cent lieux, sans secours et sans guides :
Pour elles, à sa porte élevant ce palais,
Il leur y fit trouver l'abondance et la paix.
Grand Dieu, que cet ouvrage ait place en ta mémoire !
Que tous les soins qu'il prend pour soutenir ta gloire
Soient gravés de ta main au livre où sont écrits
Les noms prédestinés des rois que tu chéris !
Tu m'écoutes; ma voix ne t'est point étrangère;
Je suis la Piété, cette fille si chère,
Qui t'offre de ce roi les plus tendres soupirs :
Du feu de ton amour j'allume ses désirs.
Du zèle qui pour toi l'enflamme et le dévore
La chaleur se répand du couchant à l'aurore :
Tu le vois tous les jours devant toi prosterné,
Humilier ce front de splendeur couronné,
Et, confondant l'orgueil par d'augustes exemples,
Baiser avec respect le pavé de tes temples.
De ta gloire animé, lui seul de tant de rois
S'arme pour ta querelle, et combat pour tes droits.
Le perfide intérêt, l'aveugle jalousie
S'unissent contre toi pour l'affreuse hérésie;
La discorde en fureur frémit de toutes parts;

(1) La maison de Saint-Cyr.

Tout semble abandonner tes sacrés étendards;
Et l'enfer, couvrant tout de ses vapeurs funèbres,
Sur les yeux les plus saints a jeté ses ténèbres.
Lui seul, invariable et fondé sur la foi,
Ne cherche, ne regarde et n'écoute que toi,
Et bravant du démon l'impuissant artifice
De la religion soutient tout l'édifice.
Grand Dieu, juge ta cause et déploie aujourd'hui
Ce bras, ce même bras qui combattoit pour lui
Lorsque des nations à sa perte animées
Le Rhin vit tant de fois disperser les armées.
Des mêmes ennemis je reconnois l'orgueil ;
Ils viennent se briser contre le même écueil :
Déjà, rompant partout leurs plus fermes barrières,
Du débris de leurs forts il couvre ses frontières
Tu lui donnes un fils prompt à le seconder,
Qui sait combattre, plaire, obéir, commander ;
Un fils qui, comme lui, suivi de la victoire,
Semble à gagner son cœur borner toute sa gloire;
Un fils à tous ses vœux avec amour soumis,
L'éternel désespoir de tous ses ennemis :
Pareil à ces esprits que ta justice envoie,
Quand son roi lui dit, Pars, il s'élance avec joie,
Du tonnerre vengeur s'en va tout embraser,
Et tranquille à ses pieds revient le déposer.
Mais, tandis qu'un grand roi venge ainsi mes injures,
Vous qui goûtez ici des délices si pures,
S'il permet à son cœur un instant de repos,
A vos jeux innocens appelez ce héros;
Retracez-lui d'Esther l'histoire glorieuse,
Et sur l'impiété la foi victorieuse;
Et vous qui vous plaisez aux folles passions
Qu'allument dans vos cœurs les vaines fictions,
Profanes amateurs des spectacles frivoles,
Dont l'oreille s'ennuie au son de mes paroles;
Fuyez de mes plaisirs la sainte austérité :
Tout respire ci Dieu, la paix, la vérité.

ESTHER,

TRAGÉDIE.

ACTE PREMIER.

SCÈNE I.

Le théâtre représente l'appartement d'Esther.

ESTHER, ÉLISE.

ESTHER.

Est-ce toi, chère Élise ? O jour trois fois heureux !
Que béni soit le ciel qui te rend à mes vœux !
Toi qui, de Benjamin comme moi descendue,
Fus de mes premiers ans la compagne assidue,
Et qui, d'un même joug souffrant l'oppression,
M'aidois à soupirer les malheurs de Sion !
Combien ce temps encore est cher à ma mémoire !
Mais toi de ton Esther ignorois-tu la gloire ?
Depuis plus de six mois que je te fais chercher
Quel climat, quel désert a donc pu te cacher ?

ÉLISE.

Au bruit de votre mort justement éplorée,
Du reste des humains je vivois séparée,
Et de mes tristes jours n'attendois que la fin
Quand tout à coup, madame, un prophète divin,
« C'est pleurer trop long-temps une mort qui t'abuse,
Lève-toi, m'a-t-il dit, prends ton chemin vers Suse :

Là tu verras d'Esther la pompe et les honneurs,
Et sur le trône assis le sujet de tes pleurs.
Rassure, ajouta-t-il, tes tribus alarmées.
Sion, le jour approche où le Dieu des armées
Va de son bras puissant faire éclater l'appui ;
Et le cri de son peuple est monté jusqu'à lui. »
Il dit, et moi, de joie et d'horreur pénétrée,
Je cours. De ce palais j'ai su trouver l'entrée.
O spectacle ! ô triomphe admirable à mes yeux,
Digne en effet du bras qui sauva nos aïeux !
Le fier Assuérus couronne sa captive,
Et le Persan superbe est aux pieds d'une Juive !
Par quels secrets ressorts, par quel enchaînement
Le ciel a-t-il conduit ce grand événement ?

ESTHER.

Peut-être on t'a conté la fameuse disgrâce
De l'altière Vasthi, dont j'occupe la place,
Lorsque le roi contre elle enflammé de dépit
La chassa de son trône ainsi que de son lit.
Mais il ne put sitôt en bannir la pensée ;
Vasthi régna long-temps dans son ame offensée.
Dans ses nombreux états il fallut donc chercher
Quelque nouvel objet qui l'en pût détacher.
De l'Inde à l'Hellespont ses esclaves coururent :
Les filles de l'Egypte à Suse comparurent ;
Celles même du Parthe et du Scythe indompté
Y briguèrent le sceptre offert à la beauté.
On m'élevoit alors, solitaire et cachée,
Sous les yeux vigilans du sage Mardochée :
Tu sais combien je dois à ses heureux secours.
La mort m'avoit ravi les auteurs de mes jours :
Mais lui, voyant en moi la fille de son frère,
Me tint lieu, chère Elise, et de père et de mère.
Du triste état des Juifs jour et nuit agité,
Il me tira du sein de mon obscurité ;

ACTE I, SCÈNE I.

Et, sur mes foibles mains fondant leur délivrance,
Il me fit d'un empire accepter l'espérance.
A ses desseins secrets tremblante j'obéis ;
Je vins, mais je cachai ma race et mon pays.
Qui pourroit cependant t'exprimer les cabales
Que formoit en ces lieux ce peuple de rivales,
Qui toutes, disputant un si grand intérêt,
Des yeux d'Assuérus attendoient leur arrêt?
Chacune avoit sa brigue et de puissans suffrages :
L'une d'un sang fameux vantoit les avantages ;
L'autre pour se parer de superbes atours
Des plus adroites mains empruntoit le secours :
Et moi, pour toute brigue et pour tout artifice,
De mes larmes au ciel j'offrois le sacrifice.
Enfin on m'annonça l'ordre d'Assuérus.
Devant ce fier monarque, Elise, je parus.
Dieu tient le cœur des rois entre ses mains puissantes,
Il fait que tout prospère aux ames innocentes,
Tandis qu'en ses projets l'orgueilleux est trompé.
De mes foibles attraits le roi parut frappé ;
Il m'observa long-temps dans un sombre silence :
Et le ciel, qui pour moi fit pencher la balance,
Dans ce temps-là sans doute agissoit sur son cœur.
Enfin avec des yeux où régnoit la douceur,
Soyez reine, dit-il ; et dès ce moment même
De sa main sur mon front posa le diadème.
Pour mieux faire éclater sa joie et son amour
Il combla de présens tous les grands de sa cour,
Et même ses bienfaits dans toutes les provinces
Invitèrent le peuple aux noces de leurs princes.
Hélas ! durant ces jours de joie et de festins
Quelle étoit en secret ma honte et mes chagrins !
Esther ! disois-je, Esther dans la pourpre est assise ;
La moitié de la terre à son septre est soumise :
Et de Jérusalem l'herbe cache les murs !

Sion, repaire affreux de reptiles impurs,
Voit de son temple saint les pierres dispersées!
Et du Dieu d'Israel les fêtes sont cessées!
ELISE.
N'avez-vous point au roi confié vos ennuis?
ESTHER.
Le roi jusqu'à ce jour ignore qui je suis.
Celui par qui le ciel règle ma destinée
Sur ce secret encor tient ma langue enchaînée.
ELISE.
Mardochée? Eh! peut-il approcher de ces lieux?
ESTHER.
Son amitié pour moi le rend ingénieux.
Absent, je le consulte; et ses réponses sages
Pour venir jusqu'à moi trouvent mille passages :
Un père a moins de soin du salut de son fils.
Déjà même, déjà par ses secrets avis
J'ai découvert au roi les sanglantes pratiques
Que formoient contre lui deux ingrats domestiques.
Cependant mon amour pour notre nation
A rempli ce palais de filles de Sion,
Jeunes et tendres fleurs, par le sort agitées,
Sous un ciel étranger comme moi transplantées.
Dans un lieu séparé de profanes témoins
Je mets à les former mon étude et mes soins;
Et c'est là que fuyant l'orgueil du diadème,
Lasse de vains honneurs et me cachant moi-même,
Aux pieds de l'Eternel je viens m'humilier,
Et goûter le plaisir de me faire oublier.
Mais à tous les Persans je cache leurs familles.
Il faut les appeler. Venez, venez, mes filles,
Compagnes autrefois de ma captivité,
De l'antique Jacob jeune postérité,

SCÈNE II.

ESTHER, ÉLISE, LE CHOEUR.

UNE ISRAÉLITE chantant derrière le théâtre.
Ma sœur, qu'elle voix nous appelle ?
UNE AUTRE.
J'en reconnois les agréables sons :
C'est la reine.
TOUTES DEUX.
Courons, mes sœurs, obéissons.
La reine nous appelle :
Allons, rangeons-nous auprès d'elle.
(TOUT LE CHOEUR entrant sur la scène par plusieurs endroits différens.)
La reine nous appelle :
Allons, rangeons-nous auprès d'elle.
ELISE.
Ciel ! quel nombreux essaim d'innocentes beautés
S'offre à mes yeux en foule, et sort de tous côtés !
Quelle aimable pudeur sur leur visage est peinte !
Prospérez, cher espoir d'une nation sainte.
Puissent jusques au ciel vos soupirs innocens
Monter comme l'odeur d'un agréable encens !
Que Dieu jette sur vous des regards pacifiques !
ESTHER.
Mes filles, chantez-nous quelqu'un de ces cantiques
Où vos voix si souvent se mêlant à mes pleurs
De la triste Sion célèbrent les malheurs.
UNE ISRAÉLITE chante seule.
Déplorable Sion, qu'as-tu fait de ta gloire ?
Tout l'univers admiroit ta splendeur :
Tu n'es plus que poussière, et de cette grandeur

Il ne nous reste plus que la triste mémoire.
Sion, jusques au ciel élevée autrefois,
    Jusqu'aux enfers maintenant abaissée,
    Puissé-je demeurer sans voix
    Si dans mes chants ta douleur retracée
Jusqu'au dernier soupir n'occupe ma pensée !
                TOUT LE CHOEUR.
O rives du Jourdain ! ô champs aimés des cieux !
    Sacrés monts, fertiles vallées
    Par cent miracles signalées !
    Du doux pays de nos aïeux
    Serons-nous toujours exilées ?
                UNE ISRAÉLITE seule.
Quand verrai-je, ô Sion ! relever tes remparts
    Et de tes tours les magnifiques faîtes ?
    Quand verrai-je de toutes parts
Tes peuples en chantant accourir à tes fêtes ?
                TOUT LE CHOEUR.
O rives du Jourdain ! ô champs aimés des cieux !
    Sacré monts, fertiles vallées
    Par cent miracles signalées !
    Du doux pays de nos aïeux
    Serons-nous toujours exilées ?

SCÈNE III.

ESTHER, MARDOCHÉE, ÉLISE, LE CHOEUR.

ESTHER.

Quel profane en ce lieu s'ose avancer vers nous ?
Que vois-je ! Mardochée ! O mon père, est-ce vous ?
Un ange du Seigneur sous son aile sacrée
A donc conduit vos pieds et caché votre entrée ?

Mais d'où vient cet air sombre et ce cilice affreux,
Et cette cendre enfin qui couvre vos cheveux ?
Que nous annoncez-vous ?
MARDOCHÉE.
O reine infortunée !
O d'un peuple innocent barbare destinée !
Lisez, lisez l'arrêt détestable, cruel...
Nous sommes tous perdus ! et c'est fait d'Israel !
ESTHER.
Juste ciel ! tout mon sang dans mes veines se glace !
MARDOCHÉE.
On doit de tous les Juifs exterminer la race.
Au sanguinaire Aman nous sommes tous livrés ;
Les glaives, les couteaux sont déjà préparés :
Toute la nation à la fois est proscrite.
Aman, l'impie Aman, race d'Amalécite,
A pour ce coup funeste armé tout son crédit ;
Et le roi trop crédule a signé cet édit.
Prévenu contre nous par cette bouche impure,
Il nous croit en horreur à toute la nature :
Ses ordres sont donnés, et dans tous ses états
Le jour fatal est pris pour tant d'assassinats.
Cieux, éclairerez-vous cet horrible carnage !
Le fer ne connoîtra ni le sexe ni l'âge ;
Tout doit servir de proie aux tigres, aux vautours :
Et ce jour effroyable arrive dans dix jours.
ESTHER.
O Dieu, qui vois former des desseins si funestes,
As-tu donc donc de Jacob abandonné les restes ?
UNE DES PLUS JEUNES ISRAÉLITES.
Ciel, qui nous défendra si tu ne nous défends ?
MARDOCHÉE.
Laissez les pleurs, Esther, à ces jeunes enfans.
En vous est tout l'espoir de nos malheureux frères ;

Il faut les secourir. Mais les heures sont chères;
Le temps vole, et bientôt amènera le jour
Où le nom des Hébreux doit périr sans retour.
Toute pleine du feu de tant de saints prophètes,
Allez, osez au roi déclarer qui vous êtes.

ESTHER.

Hélas! ignorez-vous quelles sévères lois
Aux timides mortels cachent ici les rois?
Au fond de leur palais leur majesté terrible
Affecte à leurs sujets de se rendre invisible;
Et la mort est le prix de tout audacieux
Qui sans être appelé se présente à leurs yeux
Si le roi dans l'instant pour sauver le coupable
Ne lui donne à baiser son sceptre redoutable.
Rien ne met à l'abri de cet ordre fatal,
Ni le rang ni le sexe, et le crime est égal.
Moi-même, sur son trône à ses côtés assise,
Je suis à cette loi comme un autre soumise;
Et sans le prévenir il faut pour me parler
Qu'il me cherche, ou du moins qu'il me fasse appeler.

MARDOCHÉE.

Quoi! lorsque vous voyez périr votre patrie
Pour quelque chose, Esther, vous comptez votre vie.
Dieu parle, et d'un mortel vous craignez le courroux!
Que dis-je! votre vie, Esther, est-elle à vous?
N'est-elle pas au sang dont vous êtes issue?
N'est-elle pas à Dieu, dont vous l'avez reçue?
Et qui sait, lorsqu'au trône il conduisit vos pas,
Si pour sauver son peuple il ne vous gardoit pas?
Songez-y bien, ce Dieu ne vous a pas choisie
Pour être un vain spectacle aux peuples de l'Asie,
Ni pour charmer les yeux des profanes humains:
Pour un plus noble usage il réserve ses saints.
S'immoler pour son nom et pour son héritage,
D'un enfant d'Israel voilà le vrai partage:

Trop heureuse pour lui de hasarder vos jours !
Et quel besoin son bras a-t-il de nos secours ?
Que peuvent contre lui tous les rois de la terre ?
En vain ils s'uniroient pour lui faire la guerre :
Pour dissiper leur ligue il n'a qu'à se montrer ;
Il parle, et dans la poudre il les fait tous rentrer.
Au seul son de sa voix la mer fuit, le ciel tremble :
Il voit comme un néant tout l'univers ensemble ;
Et les foibles mortels, vains jouets du trépas,
Sont tous devant ses yeux comme s'ils n'étoient pas.
S'il a permis d'Aman l'audace criminelle
Sans doute qu'il vouloit éprouver votre zèle.
C'est lui qui, m'excitant à vous oser chercher,
Devant moi, chère Esther, a bien voulu marcher :
Et s'il faut que sa voix frappe en vain vos oreilles
Nous n'en verrons pas moins éclater ses merveilles.
Il peut confondre Aman, il peut briser nos fers
Par la plus foible main qui soit dans l'univers :
Et vous qui n'aurez point accepté cette grâce,
Vous périrez peut-être et toute votre race.

ESTHER.

Allez ; que tous les Juifs dans Suse répandus,
A prier avec vous jour et nuit assidus,
Me prêtent de leurs vœux le secours salutaire,
Et pendant ces trois jours gardent un jeûne austère.
Déjà la sombre nuit a commencé son tour :
Demain quand le soleil rallumera le jour,
Contente de périr s'il faut que je périsse,
J'irai pour mon pays m'offrir en sacrifice.
Qu'on s'éloigne un moment.

(Le chœur se retire vers le fond du théâtre.)

SCÈNE IV.

ESTHER, ÉLISE, LE CHOEUR.

ESTHER.

      O mon souverain roi,
Me voici donc tremblante et seule devant toi !
Mon père mille fois m'a dit dans mon enfance
Qu'avec nous tu juras une sainte alliance
Quand pour te faire un peuple agréable à tes yeux
Il plut à ton amour de choisir nos aïeux :
Même tu leur promis de ta bouche sacrée
Une postérité d'éternelle durée.
Hélas ! ce peuple ingrat a méprisé ta loi.
La nation chérie a violé sa foi ;
Elle a répudié son époux et son père
Pour rendre à d'autres dieux un honneur adultère :
Maintenant elle sert sous un maître étranger.
Mais c'est peu d'être esclave, on la veut égorger :
Nos superbes vainqueurs, insultant à nos larmes,
Imputent à leurs dieux le bonheur de leurs armes,
Et veulent aujourd'hui qu'un même coup mortel
Abolisse ton nom, ton peuple et ton autel.
Ainsi donc un perfide, après tant de miracles,
Pourroit anéantir la foi de tes oracles,
Raviroit aux mortels le plus cher de tes dons,
Le saint que tu promets, et que nous attendons ?
Non, non, ne souffre pas que ces peuples farouches,
Ivres de notre sang, ferment les seules bouches
Qui dans tout l'univers célèbrent tes bienfaits,
Et confonds tous ces dieux qui ne furent jamais.
Pour moi, que tu retiens parmi ces infidèles,
Tu sais combien je hais leurs fêtes criminelles,

Et que je mets au rang des profanations
Leur table, leurs festins et leurs libations ;
Que même cette pompe où je suis condamnée,
Ce bandeau dont il faut que je paroisse ornée
Dans ces jours solennels à l'orgueil dédiés
Seule et dans le secret je le foule à mes pieds ;
Qu'à ces vains ornemens je préfère la cendre,
Et n'ai de goût qu'aux pleurs que tu me vois répandre.
J'attendois le moment marqué dans ton arrêt
Pour oser de ton peuple embrasser l'intérêt :
Ce moment est venu ; ma prompte obéissance
Va d'un roi redoutable affronter la présence.
C'est pour toi que je marche : accompagne mes pas
Devant ce fier lion qui ne te connoît pas ;
Commande en me voyant que son courroux s'apaise,
Et prête à mes discours un charme qui lui plaise.
Les orages, les vents, les cieux te sont soumis :
Tourne enfin sa fureur contre nos ennemis.

SCÈNE V.

(Toute cette scène est chantée.)

LE CHOEUR.

UNE ISRAÉLITE seule.

Pleurons et gémissons, mes fidèles compagnes ;
A nos sanglots donnons un libre cours :
Levons les yeux vers les saintes montagnes
D'où l'innocence attend tout son secours.

O mortelles alarmes !
Tout Israel périt. Pleurez, mes tristes yeux !
Il ne fut jamais sous les cieux
Un si juste sujet de larmes.

ESTHER.

TOUT LE CHOEUR.

O mortelles alarmes !

UNE DES ISRAÉLITES.

N'étoit-ce pas assez qu'un vainqueur odieux
De l'auguste Sion eût détruit tous les charmes,
Et traîné ses enfans captifs en mille lieux?

TOUT LE CHOEUR.

O mortelles alarmes !

LA MÊME ISRAÉLITE.

Foibles agneaux livrés à des loups furieux,
Nos soupirs sont nos seules armes.

TOUT LE CHOEUR.

O mortelles alarmes !

UNE ISRAÉLITE.

Arrachons, déchirons tous ces vains ornemens
Qui parent notre tête.

UNE AUTRE.

Revêtons-nous d'habillemens
Conformes à l'horrible fête
Que l'impie Aman nous apprête.

TOUT LE CHOEUR.

Arrachons, déchirons tous ces vains ornemens
Qui parent notre tête.

UNE ISRAÉLITE.

Quel carnage de toutes parts !
On égorge à la fois les enfans, les vieillards,
Et la sœur et le frère,
Et la fille et la mère,
Le fils dans les bras de son père!
Que de corps entassés, que de membres épars,
Privés de sépulture !
Grand Dieu, tes saints sont la pâture
Des tigres et des léopards !

ACTE I, SCÈNE v.

UNE DES PLUS JEUNES ISRAÉLITES.

Hélas! si jeune encore,
Par quel crime ai-je pu mériter mon malheur?
Ma vie à peine a commencé d'éclore :
Je tomberai comme une fleur
Qui n'a vu qu'une aurore.
Hélas! si jeune encore,
Par quel crime ai-je pu mériter mon malheur?

UNE AUTRE.

Des offenses d'autrui malheureuses victimes,
Que nous servent, hélas! ces regrets superflus?
Nos pères ont péché, nos pères ne sont plus,
Et nous portons la peine de leurs crimes.

TOUT LE CHOEUR.

Le Dieu que nous servons est le dieu des combats :
Non, non, il ne souffrira pas
Qu'on égorge ainsi l'innocence.

UNE ISRAELITE seule.

Eh quoi! diroit l'impiété,
Où donc est-il ce Dieu si redouté
Dont Israel nous vantoit la puissance?

UNE AUTRE.

Ce Dieu jaloux, ce Dieu victorieux,
Frémissez, peuples de la terre,
Ce Dieu jaloux, ce Dieu victorieux,
Est le seul qui commande aux cieux;
Ni les éclairs ni le tonnerre
N'obéissent point à vos dieux.

UNE AUTRE.

Il renverse l'audacieux.

UNE AUTRE.

Il prend l'humble sous sa défense.

TOUT LE CHOEUR.

Le Dieu que nous servons est le Dieu des combats :

Non, non, il ne souffrira pas
Qu'on égorge ainsi l'innocence.
DEUX ISRAÉLITES.
O Dieu que la gloire couronne,
Dieu, que la lumière environne,
Qui voles sur l'aile des vents,
Et dont le trône est porté par les anges.
DEUX AUTRES DES PLUS JEUNES.
Dieu, qui veux bien que de simples enfans
Avec eux chantent tes louanges.
TOUT LE CHOEUR.
Tu vois nos pressans dangers ;
Donne à ton nom la victoire ;
Ne souffre point que ta gloire
Passe à des dieux étrangers.
UNE ISRAÉLITE seule.
Arme-toi, viens nous défendre :
Descends, tel qu'autrefois la mer te vit descendre.
Que les méchans apprennent aujourd'hui
A craindre ta colère.
Qu'ils soient comme la poudre et la paille légère
Que le vent chasse devant lui.
TOUT LE CHOEUR.
Tu vois nos pressans dangers ;
Donne à ton nom la victoire ;
Ne souffre point que ta gloire
Passe à des dieux étrangers.

ACTE SECOND.

SCÈNE I.

Le théâtre représente la chambre où est le trône d'Assuérus.

AMAN, HYDASPE.

AMAN.
Eh quoi! lorsque le jour ne commence qu'à luire
Dans ce lieu redoutable oses-tu m'introduire?
HYDASPE.
Vous savez qu'on s'en peut reposer sur ma foi,
Que ces portes, seigneur, n'obéissent qu'à moi :
Venez. Partout ailleurs on pourroit nous entendre,
AMAN.
Quel est donc le secret que tu me veux apprendre?
HYDASPE.
Seigneur, de vos bienfaits mille fois honoré,
Je me souviens toujours que je vous ai juré
D'exposer à vos yeux par des avis sincères
Tout ce que ce palais renferme de mystères.
Le roi d'un noir chagrin paroît enveloppé,
Quelque songe effrayant cette nuit l'a frappé.
Pendant que tout gardoit un silence paisible
Sa voix s'est fait entendre avec un cri terrible.
J'ai couru. Le désordre étoit dans ses discours;
Il s'est plaint d'un péril qui menaçoit ses jours;
Il parloit d'ennemi, de ravisseur farouche :
Même le nom d'Esther est sorti de sa bouche.

Il a dans ces horreurs passé toute la nuit.
Enfin las d'appeler un sommeil qui le fuit,
Pour écarter de lui ces images funèbres
Il s'est fait apporter ces annales célèbres
Où les faits de son règne avec soin amassés
Par de fidèles mains chaque jour sont tracés ;
On y conserve écrits le service et l'offense :
Monumens éternels d'amour et de vengeance.
Le roi, que j'ai laissé plus calme dans son lit,
D'une oreille attentive écoute ce récit.

AMAN.

De quel temps de sa vie a-t-il choisi l'histoire?

HYDASPE.

Il revoit tous ces temps si remplis de sa gloire,
Depuis le fameux jour qu'au trône de Cyrus
Le choix du sort plaça l'heureux Assuérus.

AMAN.

Ce songe, Hydaspe, est donc sorti de son idée?

HYDASPE.

Entre tous les devins fameux dans la Chaldée,
Il a fait assembler ceux qui savant le mieux
Lire en un songe obscur les volontés des cieux...
Mais quel trouble vous-même aujourd'hui vous agite?
Votre ame en m'écoutant paroît tout interdite :
L'heureux Aman a-t-il quelques secrets ennuis?

AMAN.

Peux-tu le demander dans la place où je suis?
Haï, craint, envié, souvent plus misérable
Que tous les malheureux que mon pouvoir accable.

HYDASPE.

Eh! qui jamais du ciel eut des regards plus doux?
Vous voyez l'univers prosterné devant vous.

AMAN.

L'univers! Tous les jours un homme... un vil esclave

ACTE II, SCÈNE I.

D'un front audacieux me dédaigne et me brave.

HYDASPE.

Quel est cet ennemi de l'état et du roi?

AMAN.

Le nom de Mardochée est-il connu de toi?

HYDASPE.

Qui? ce chef d'une race abominable, impie?

AMAN.

Oui, lui-même.

HYDASPE.

Eh, seigneur, d'une si belle vie
Un si foible ennemis peut-il troubler la paix?

AMAN.

L'insolent devant moi ne se courba jamais.
En vain de la faveur du plus grand des monarques
Tout révère à genoux les glorieuses marques;
Lorsque d'un saint respect tous les Persans touchés
N'osent lever leurs fronts à la terre attachés,
Lui, fièrement assis et la tête immobile,
Traite tous ces honneurs d'impiété servile,
Présente à mes regards un front séditieux,
Et ne daigneroit pas au moins baisser les yeux.
Du palais cependant il assiége la porte :
A quelque heure que j'entre, Hydaspe, ou que je sorte
Son visage odieux m'afflige et me poursuit,
Et mon esprit troublé le voit encor la nuit.
Ce matin j'ai voulu devancer la lumière:
Je l'ai trouvé couvert d'une affreuse poussière,
Revêtu de lambeaux, tout pâle ; mais son œil
Conservoit sous la cendre encor le même orgueil.
D'où lui vient, cher ami, cette impudente audace?
Toi qui dans ce palais vois tout ce qui se passe,
Crois-tu que quelque voix ose parler pour lui?
Sur quel roseau fragile a-t-il mis son appui?

HYDASPE.

Seigneur, vous le savez, son avis salutaire
Découvrit de Tharès le complot sanguinaire.
Le roi promit alors de le récompenser :
Le roi depuis ce temps paroît n'y plus penser.

AMAN.

Non, il faut à tes yeux dépouiller l'artifice.
J'ai su de mon destin corriger l'injustice :
Dans les mains des Persans jeune enfant apporté,
Je gouverne l'empire où je fus acheté :
Mes richesses des rois égalent l'opulence,
Environné d'enfans, soutiens de ma puissance,
Il ne manque à mon front que le bandeau royal :
Cependant (des mortels aveuglement fatal !)
De cet amas d'honneurs la douceur passagère
Fait sur mon cœur à peine une atteinte légère ;
Mais Mardochée assis aux portes du palais
Dans ce cœur malheureux enfonce mille traits,
Et toute ma grandeur me devient insipide
Tandis que le soleil éclaire ce perfide.

HYDASPE.

Vous serez de sa vue affranchi dans dix jours :
La nation entière est promise aux vautours.

AMAN.

Ah ! que ce temps est long à mon impatience !
C'est lui, je te veux bien confier ma vengeance,
C'est lui qui, devant moi refusant de ployer,
Les a livrés au bras qui les va foudroyer.
C'étoit trop peu pour moi d'une telle victime :
La vengeance trop foible attire un second crime.
Un homme tel qu'Aman lorsqu'on l'ose irriter
Dans sa juste fureur ne peut trop éclater.
Il faut des châtimens dont l'univers frémisse,
Qu'on tremble en comparant l'offense et le supplice ;
Que les peuples entiers dans le sang soient noyés.

Je veux qu'on dise un jour aux siècles effrayés :
Il fut des Juifs, il fut une insolente race ;
Répandus sur la terre, ils en couvroient la face :
Un seul osa d'Aman attirer le courroux ;
Aussitôt de la terre ils disparurent tous.
HYDASPE.
Ce n'est donc pas, seigneur, le sang amalécite
Dont la voix à les perdre en secret vous excite ?
AMAN.
Je sais que, descendu de ce sang malheureux,
Une éternelle haine a dû m'armer contre eux ;
Qu'ils firent d'Amalec un indigne carnage ;
Que jusqu'aux vils troupeaux tout éprouva leur rage ;
Qu'un déplorable reste à peine fut sauvé :
Mais, crois-moi, dans le rang où je suis élevé
Mon ame, à ma grandeur tout entière attachée,
Des intérêts du sang est foiblement touchée.
Mardochée est coupable, et que faut-il de plus ?
Je prévins donc contre eux l'esprit d'Assuérus,
J'inventai des couleurs, j'armai la calomnie ;
J'intéressai sa gloire : il trembla pour sa vie.
Je les peignis puissans, riches, séditieux,
Leur dieu même ennemi de tous les autres dieux.
Jusqu'à quand souffre-t-on que ce peuple respire,
Et d'un culte profane infecte votre empire ?
Etrangers dans la Perse, à nos lois opposés,
Du reste des humains ils semblent divisés,
N'aspirent qu'à troubler le repos où nous sommes,
Et détestés partout détestent tous les hommes.
Prévenez, punissez leurs insolens efforts ;
De leur dépouille enfin grossissez vos trésors.
Je dis, et l'on me crut. Le roi dès l'heure même
Mit dans ma main le sceau de son pouvoir suprême ;
Assure, me dit-il, le repos de ton roi ;
Va, perds ces malheureux : leur dépouille est à toi.

Toute la nation fut ainsi condamnée.
Du carnage avec lui je réglai la journée.
Mais de ce traître enfin le trépas différé
Fait trop souffrir mon cœur de son sang altéré.
Un je ne sais quel trouble empoisonne ma joie.
Pourquoi dix jours encor faut-il que je le voie?

HYDASPE.

Et ne pouvez-vous pas d'un mot l'exterminer?
Dites au roi, seigneur, de vous l'abandonner.

AMAN.

Je viens pour épier le moment favorable.
Tu connois comme moi ce prince inexorable:
Tu sais combien terrible en ses soudains transports
De nos desseins souvent il rompt tous les ressorts.
Mais à me tourmenter ma crainte est trop subtile:
Mardochée à ses yeux est une ame trop vile.

HYDASPE.

Que tardez-vous? Allez, et faites promptement
Elever de sa mort le honteux instrument.

AMAN.

J'entends du bruit, je sors. Toi, si le roi m'appelle...

HYDASPE.

Il suffit.

SCÈNE II.

ASSUÉRUS, HYDASPE, ASAPH,
SUITE D'ASSUÉRUS.

ASSUÉRUS.

Ainsi donc sans cet avis fidèle
Deux traîtres dans son lit assassinoient leur roi?
Qu'on me laisse, et qu'Asaph seul demeure avec moi.

SCÈNE III.

ASSUÉRUS, ASAPH.

ASSUÉRUS assis sur son trône.

Je veux bien l'avouer, de ce couple perfide
J'avois presque oublié l'attentat parricide,
Et j'ai pâli deux fois au terrible récit
Qui vient d'en retracer l'image à mon esprit.
Je vois de quels succès leur fureur fut suivie,
Et que dans les tourmens ils laissèrent la vie.
Mais ce sujet zélé, qui d'un œil si subtil
Sut de leur noir complot développer le fil,
Qui me montra sur moi leur main déjà levée,
Enfin par qui la Perse avec moi fut sauvée,
Quel honneur pour sa foi, quel prix a-t-il reçu?

ASAPH.

On lui promit beaucoup, c'est tout ce que j'ai su.

ASSUÉRUS.

O d'un si grand service oubli trop condamnable!
Des embarras du trône effet inévitable !
Des soins tumultueux un prince environné
Vers de nouveaux objets est sans cesse entraîné ;
L'avenir l'inquiète, et le présent le frappe :
Mais plus prompt que l'éclair le passé nous échappe;
Et de tant de mortels à toute heure empressés
A nous faire valoir leurs soins intéressés
Il ne s'en trouve point qui, touchés d'un vrai zéle,
Prennent à notre gloire un intérêt fidèle,
Du mérite oublié nous fassent souvenir,
Trop prompts à nous parler de ce qu'il faut punir.
Ah! que plutôt l'injure échappe à ma vengeance
Qu'un si rare bienfait à ma reconnoissance !
Et qui voudroit jamais s'exposer pour son roi ?

Ce mortel qui montra tant de zéle pour moi
Vit-il encore ?
                    ASAPH.
            Il voit l'astre qui vous éclaire.
                ASSUÉRUS.
Et que n'a-t-il plus tôt demandé son salaire?
Quel pays reculé le cache à mes bienfaits?
                    ASAPH.
Assis le plus souvent aux portes du palais,
Sans se plaindre de vous ni de sa destinée,
Il y traîne, seigneur, sa vie infortunée.
                ASSUÉRUS.
Et je dois d'autant moins oublier la vertu
Qu'elle-même s'oublie. Il se nomme, dis-tu?
                    ASAPH.
Mardochée est le nom que je viens de vous lire.
                ASSUÉRUS.
Et son pays ?
                    ASAPH.
            Seigneur, puisqu'il faut vous le dire,
C'est un de ces captifs à périr destinés,
Des rives du Jourdain sur l'Euphrate amenés.
                ASSUÉRUS.
Il est donc Juif? Oh, ciel ! sur le point que la vie
Par mes propres sujets m'alloit être ravie,
Un Juif rend par ses soins leurs efforts impuissans !
Un Juif m'a préservé du glaive des Persans !
Mais puisqu'il m'a sauvé, quel qu'il soit, il n'importe.
Holà, quelqu'un.

SCÈNE IV.

ASSUÉRUS, HYDASPE, ASAPH.

HYDASPE.
Seigneur?
ASSUÉRUS.
Regarde à cette porte ;
Vois s'il s'offre à tes yeux quelque grand de ma cour.
HYDASPE.
Aman à votre porte a devancé le jour.
ASSUÉRUS.
Qu'il entre : ses avis m'éclaireront peut-être.

SCÈNE V.

ASSUÉRUS, AMAN, HYDASPE, ASAPH.

ASSUÉRUS.
Approche, heureux appui du trône de ton maître,
Ame de mes conseils, et qui seul tant de fois
Du sceptre dans ma main as soulagé le poids.
Un reproche secret embarrasse mon ame.
Je sais combien est pur le zèle qui t'enflamme ;
Le mensonge jamais n'entra dans tes discours,
Et mon intérêt seul est le but où tu cours.
Dis-moi donc que doit faire un prince magnanime
Qui veut combler d'honneurs un sujet qu'il estime ?
Par quel gage éclatant et digne d'un grand roi
Puis-je récompenser le mérite et la foi ?
Ne donne point de borne à ma reconnoissance :
Mesure tes conseils sur ma vaste puissance,

AMAN à part.
C'est pour toi-même, Aman, que tu vas prononcer :
Et quel autre que toi peut-on récompenser ?
ASSUÉRUS.
Que penses-tu ?
AMAN.
Seigneur, je cherche, j'envisage
Des monarques persans la conduite et l'usage :
Mais à mes yeux en vain je les appelle tous ;
Pour vous régler sur eux que sont-ils près de vous ?
Votre règne aux neveux doit servir de modèle.
Vous voulez d'un sujet reconnoître le zèle :
L'honneur seul peut flatter un esprit généreux :
Je voudrois donc, seigneur, que ce mortel heureux,
De la pourpre aujourd'hui paré comme vous-même,
Et portant sur le front le sacré diadème,
Sur un de vos coursiers pompeusement orné
Aux yeux de vos sujets dans Suse fût mené ;
Que pour comble de gloire et de magnificence
Un seigneur éminent en richesse, en puissance,
Enfin de votre empire après vous le premier,
Par la bride guida son superbe coursier ;
Et lui-même marchant en habits magnifiques
Criât à haute voix dans les places publiques :
« Mortels, prosternez-vous : c'est ainsi que le roi
« Honore le mérite et couronne la foi. »
ASSUÉRUS.
Je vois que la sagesse elle-même t'inspire :
Avec mes volontés ton sentiment conspire.
Va, ne perds point de temps ; ce que tu m'as dicté,
Je veux de point en point qu'il soit exécuté :
La vertu dans l'oubli ne sera plus cachée.
Aux portes du palais prends le Juif Mardochée ;
C'est lui que je prétends honorer aujourd'hui :
Ordonne son triomphe, et marche devant lui ;

Que Suse par ta voix de son nom retentisse,
Et fais à son aspect que tout genou fléchisse.
Sortez tous.
AMAN à part.
Dieux!

SCÈNE VI.
ASSUÉRUS.

Le prix est sans doute inouï;
Jamais d'un tel honneur un sujet n'a joui :
Mais plus la récompense est grande et glorieuse,
Plus même de ce Juif la race est odieuse,
Plus j'assure ma vie, et montre avec éclat
Combien Assuérus redoute d'être ingrat.
On verra l'innocent discerné du coupable :
Je n'en perdrai pas moins ce peuple abominable;
Leur crime...

SCÈNE VII.
ASSUÉRUS, ESTHER, ÉLISE, THAMAR,
UNE PARTIE DU CHOEUR.

(Esther entre s'appuyant sur Élise : quatre Israélites soutiennent sa robe.)

ASSUÉRUS.

Sans mon ordre on porte ici ses pas!
Quel mortel insolent vient chercher le trépas?
Gardes... C'est vous, Esther? quoi! sans être attendue?
ESTHER.
Mes filles, soutenez votre reine éperdue.
Je me meurs.
(Elle tombe évanouie.)

ESTHER.
ASSUÉRUS.
Dieux puissans ! quelle étrange pâleur
De son teint tout à coup efface la couleur !
Esther, que craignez-vous ? suis-je pas votre frère ?
Est-ce pour vous qu'est fait un ordre si sévère ?
Vivez : le sceptre d'or que vous tend cette main
Pour vous de ma clémence est un gage certain.
ESTHER.
Quelle voix salutaire ordonne que je vive,
Et rappelle en mon sein mon ame fugitive ?
ASSUÉRUS.
Ne connoissez-vous pas la voix de votre époux ?
Encore un coup vivez, et revenez à vous.
ESTHER.
Seigneur, je n'ai jamais contemplé qu'avec crainte
L'auguste majesté sur votre front empreinte ;
Jugez combien ce front irrité contre moi
Dans mon ame troublée a dû jeter d'effroi.
Sur ce trône sacré qu'environne la foudre
J'ai cru vous voir tout prêt à me réduire en poudre.
Hélas ! sans frissonner quel cœur audacieux
Soutiendroit les éclairs qui partoient de vos yeux ?
Ainsi du Dieu vivant la colère étincelle...
ASSUÉRUS.
O soleil ! ô flambeaux de lumière immortelle !
Je me trouble moi-même, et sans frémissement
Je ne puis voir sa peine et son saisissement.
Calmez, reine, calmez la frayeur qui vous presse.
Du cœur d'Assuérus souveraine maîtresse,
Eprouvez seulement son ardente amitié.
Faut-il de mes états vous donner la moitié ?
ESTHER.
Eh ! se peut-il qu'un roi craint de la terre entière,
Devant qui tout fléchit et baise la poussière,

Jette sur son esclave un regard si serein,
Et m'offre sur son cœur un pouvoir souverain?
ASSUÉRUS.
Croyez-moi, chère Esther, ce sceptre, cet empire
Et ces profonds respects que la terreur inspire
A leur pompeux éclat mêlent peu de douceur,
Et fatiguent souvent leur triste possesseur.
Je ne trouve qu'en vous je ne sais quelle grâce
Qui me charme toujours et jamais ne me lasse.
De l'aimable vertu doux et puissans attraits!
Tout respire en Esther l'innocence et la paix.
Du chagrin le plus noir elle écarte les ombres,
Et fait des jours sereins de mes jours les plus sombres.
Que dis-je! sur ce trône assis auprès de vous,
Des astres ennemis j'en crains moins le courroux,
Et crois que votre front prête à mon diadème
Un éclat qui le rend respectable aux dieux même.
Osez donc me répondre, et ne me cachez pas
Quel sujet important conduit ici vos pas.
Quel intérêt, quels soins vous agitent, vous pressent?
Je vois qu'en m'écoutant vos yeux au ciel s'adressent.
Parlez : de vos désirs le succès est certain
Si ce succès dépend d'une mortelle main.
ESTHER.
O bonté qui m'assure autant qu'elle m'honore!
Un intérêt pressant veut que je vous implore :
J'attends ou mon malheur ou ma félicité,
Et tout dépend, seigneur, de votre volonté.
Un mot de votre bouche en terminant mes peines
Peut rendre Esther heureuse entre toutes les reines.
ASSUÉRUS.
Ah! que vous enflammez mon désir curieux!
ESTHER.
Seigneur, si j'ai trouvé grâce devant vos yeux,

Si jamais à mes vœux vous fûtes favorable,
Permettez avant tout qu'Esther puisse à sa table
Recevoir aujourd'hui son souverain seigneur,
Et qu'Aman soit admis à cet excès d'honneur.
J'oserai devant lui rompre ce grand silence,
Et j'ai pour m'expliquer besoin de sa présence.

ASSUÉRUS.

Dans quelle inquiétude, Esther, vous me jetez!
Toutefois qu'il soit fait comme vous souhaitez.

(A ceux de sa suite.)

Vous, que l'on cherche Aman; et qu'on lui fasse entendre
Qu'invité chez la reine il ait soin de s'y rendre.

SCÈNE VIII.

ASSUÉRUS, ESTHER, ÉLISE, THAMAR,
HYDASPE, UNE PARTIE CHOEUR.

HYDASPE.

Les savans Chaldéens, par votre ordre appelés,
Dans cet appartement, seigneur, sont assemblés.

ASSUÉRUS.

Princesse, un songe étrange occupe ma pensée :
Vous-même en leur réponse êtes intéressée.
Venez, derrière un voile écoutant leurs discours,
De vos propres clartés me prêter le secours.
Je crains pour vous, pour moi quelque ennemi perfide.

ESTHER.

Suis-moi, Thamar. Et vous, troupe jeune et timide,
Sans craindre ici les yeux d'une profane cour,
A l'abri de ce trône attendez mon retour.

SCÈNE IX.

Cette scène est partie déclamée et partie chantée.

ELISE, UNE PARTIE DU CHOEUR.

ELISE.

Que vous semble, mes sœurs, de l'état où nous sommes?
D'Esther, d'Aman, qui le doit emporter?
Est-ce Dieu, sont-ce les hommes,
Dont les œuvres vont éclater?
Vous avez vu quelle ardente colère
Allumoit de ce roi le visage sévère.

UNE ISRAÉLITE.

Des éclairs de ses yeux l'œil étoit ébloui.

UNE AUTRE.

Et sa voix m'a paru comme un tonnerre horrible.

ELISE.

Comment ce courroux si terrible
En un moment s'est-il évanoui?

UNE ISRAÉLITE seule.

Un moment a changé ce courage inflexible :
Le lion rugissant est un agneau paisible.
Dieu, notre Dieu sans doute a versé dans son cœur
Cet esprit de douceur.

LE CHOEUR chante.

Dieu, notre Dieu sans doute a versé dans son cœur
Cet esprit de douceur.

LA MÊME ISRAÉLITE chante.

Tel qu'un ruisseau docile
Obéit à la main qui détourne son cours,
Et, laissant de ses eaux partager le secours,
Va rendre tout un champ fertile :

Dieu, de nos volontés arbitre souverain,
Le cœur des rois est ainsi dans ta main.
ÉLISE.
Ah! que je crains, mes sœurs, les funestes nuages
Qui de ce prince obscurcissent les yeux!
Comme il est aveuglé du culte de ses dieux!
UNE ISRAÉLITE.
Il n'atteste jamais que leurs noms odieux.
UNE AUTRE.
Aux feux inanimés dont se parent les cieux
Il rend de profanes hommages.
UNE AUTRE.
Tout son palais est plein de leurs images.
LE CHOEUR chante.
Malheureux, vous quittez le maître des humains
Pour adorer l'ouvrage de vos mains?
UNE ISRAÉLITE chante.
Dieu d'Israel, dissipe enfin cette ombre :
Des larmes de tes saints quand seras-tu touché?
Quand sera le voile arraché
Qui sur tout l'univers jette une nuit si sombre?
Dieu d'Israel, dissipe enfin cette ombre :
Jusqu'à quand seras-tu caché?
UNE DES PLUS JEUNES ISRAÉLITES.
Parlons plus bas, mes sœurs. Ciel! si quelque infidèle
Ecoutant nos discours nous alloit déceler!
ELISE.
Quoi! fille d'Abraham, une crainte mortelle
Semble déjà vous faire chanceler!
Eh! si l'impie Aman, dans sa main homicide
Faisant luire à vos yeux un glaive menaçant,
A blasphémer le nom du Tout-Puissant
Vouloit forcer votre bouche timide!

ACTE II, SCÈNE IX.

UNE AUTRE ISRAÉLITE.

Peut-être Assuérus, frémissant de courroux,
Si nous ne courbons les genoux
Devant une muette idole,
Commandera qu'on nous immole.
Chère sœur, que choisirez-vous ?

LA JEUNE ISRAÉLITE.

Moi je pourrois trahir le Dieu que j'aime !
J'adorerois un dieu sans force et sans vertu,
Reste d'un tronc par les vents abattu,
Qui ne peut se sauver lui même !

LE CŒUR chante.

Dieux impuissans, dieux sourds, tous ceux qui vous implorent
Ne seront jamais entendus.
Que les démons et ceux qui les adorent
Soient à jamais détruits et confondus !

UNE ISRAÉLITE chante.

Que ma bouche et mon cœur, et tout ce que je suis,
Rendent honneur au Dieu qui m'a donné la vie.
Dans les craintes, dans les ennuis,
En ses bontés mon ame se confie.
Veut-il par mon trépas que je le glorifie ?
Que ma bouche et mon cœur, et tout ce que je suis,
Rendent honneur au Dieu qui m'a donné la vie.

ÉLISE.

Je n'admirai jamais la gloire de l'impie.

UNE AUTRE ISRAÉLITE.

Au bonheur du méchant qu'une autre porte envie.

ÉLISE.

Tous ses jours paroissent charmans,
L'or éclate en ses vêtemens ;
Son orgueil est sans borne ainsi que sa richesse ;
Il s'endort, il s'éveille au son des instrumens ;
Son cœur nage dans la mollesse.

ESTHER.

UNE AUTRE ISRAÉLITE.

Pour comble de prospérité,
Il espère revivre en sa postérité;
Et d'enfans à sa table une riante troupe
Semble boire avec lui la joie à pleine coupe.

(Tout le reste est chanté.)

LE CHOEUR.

Heureux, dit-on, le peuple florissant
Sur qui ces biens coulent en abondance.
Plus heureux le peuple innocent
Qui dans le Dieu du ciel a mis sa confiance!

UNE ISRAÉLITE seule.

Pour contenter ses frivoles désirs
L'homme insensé vainement se consume:
Il trouve l'amertume
Au milieu des plaisirs.

UNE AUTRE seule.

Le bonheur de l'impie est toujours agité:
Il erre à la merci de sa propre inconstance.
Ne cherchons la félicité
Que dans la paix de l'innocence.

LA MÊME avec une autre.

O douce paix!
O lumière éternelle!
Beauté toujours nouvelle!
Heureux le cœur épris de tes attraits!
O douce paix!
O lumière éternelle!
Heureux le cœur qui ne te perd jamais!

LE CHOEUR.

O douce paix!
O lumière éternelle!
Beauté toujours nouvelle!
O douce paix!

ACTE II, SCÈNE IX.

Heureux le cœur qui ne te perd jamais!

LA MÊME seule.

Nulle paix pour l'impie. Il la cherche, elle fuit;
Et le calme en son cœur ne trouve point de place :
  Le glaive au dehors le poursuit :
  Le remords au dedans le glace.

UNE AUTRE.

La gloire des méchans en un moment s'éteint :
  L'affreux tombeau pour jamais les dévore.
Il n'en est pas ainsi de celui qui te craint ;
Il renaîtra, mon Dieu, plus brillant que l'aurore.

LE CHOEUR.

  O douce paix !
Heureux le cœur qui ne te perd jamais!

ÉLISE sans chanter.

Mes sœurs, j'entends du bruit dans la chambre prochaine.
On nous appelle, allons rejoindre notre reine.

ACTE TROISIÈME.

Le théâtre représente les jardins d'Esther et un des côtés du salon où se fait le festin.

SCÈNE I.

AMAN, ZARÈS.

ZARÈS.
C'est donc ici d'Esther le superbe jardin,
Et ce salon pompeux est le lieu du festin?
Mais tandis que la porte en est encor fermée
Ecoutez les conseils d'une épouse alarmée.
Au nom du sacré nœud qui me lie avec vous,
Dissimulez, seigneur, cet aveugle courroux;
Eclaircissez ce front où la tristesse est peinte :
Les rois craignent surtout le reproche et la plainte.
Seul entre tous les grands par la reine invité,
Ressentez donc aussi cette félicité.
Si le mal vous aigrit, que le bienfait vous touche.
Je l'ai cent fois appris de votre propre bouche,
Quiconque ne sait pas dévorer un affront,
Ni de fausses couleurs se décorer le front,
Loin de l'aspect des rois qu'il s'écarte, qu'il fuie.
Il est des contre-temps qu'il faut qu'un sage essuie :
Souvent avec prudence un outrage enduré
Aux honneurs les plus hauts a servi de degré.

AMAN.
O douleur! ô supplice affreux à la pensée!
O honte, qui jamais ne peut être effacée!

Un exécrable Juif, l'opprobre des humains,
S'est donc vu de la pourpre habillé par mes mains!
C'est peu qu'il ait sur moi remporté la victoire;
Malheureux, j'ai servi de héraut à sa gloire!
Le traître! il insultoit à ma confusion;
Et tout le peuple même, avec dérision
Observant la rougeur qui couvroit mon visage,
De ma chute certaine en tiroit le présage.
Roi cruel, ce sont là les jeux où tu te plais!
Tu ne m'as prodigué tes perfides bienfaits
Que pour me faire mieux sentir ta tyrannie,
Et m'accabler enfin de plus d'ignominie.

ZARÈS.

Pourquoi juger si mal de son intention?
Il croit récompenser une bonne action.
Ne faut-il pas, seigneur, s'étonner au contraire
Qu'il en ait si long-temps différé le salaire?
Du reste il n'a rien fait que par votre conseil;
Vous-même avez dicté tout ce triste appareil:
Vous êtes après lui le premier de l'empire.
Sait-il toute l'horreur que ce Juif vous inspire?

AMAN.

Il sait qu'il me doit tout, et que pour sa grandeur
J'ai foulé sous les pieds remords, crainte, pudeur;
Qu'avec un cœur d'airain exerçant sa puissance
J'ai fait taire les lois et gémir l'innocence;
Que pour lui des Persans bravant l'aversion
J'ai chéri, j'ai cherché la malédiction;
Et pour prix de ma vie à leur haine exposée
Le barbare aujourd'hui m'expose à leur risée!

ZARÈS.

Seigneur, nous sommes seuls: que sert de se flatter?
Ce zèle que pour lui vous fîtes éclater,
Ce soin d'immoler tout à son pouvoir suprême,
Entre nous, avoient-ils d'autre objet que vous-même?

Et, sans chercher plus loin, tous ces Juifs désolés
N'est-ce pas à vous seul que vous les immolez?
Et ne craignez-vous point que quelque avis funeste...
Enfin la cour nous hait, le peuple nous déteste.
Ce Juif même, il le faut confesser malgré moi,
Ce Juif comblé d'honneurs me cause quelque effroi.
Les malheurs sont souvent enchaînés l'un à l'autre,
Et sa race toujours fut fatale à la vôtre.
De ce léger affront songez à profiter.
Peut-être la fortune est prête à vous quitter:
Aux plus affreux excès son inconstance passe :
Prévenez son caprice avant qu'elle se lasse.
Où tendez-vous plus haut? Je frémis quand je voi
Les abîmes profonds qui s'ouvrent devant moi :
La chute désormais ne peut être qu'horrible.
Osez chercher ailleurs un destin plus paisible :
Regagnez l'Hellespont, et ces bords écartés
Où vos aïeux errans jadis furent jetés
Lorsque des Juifs contre eux la vengeance allumée
Chassa tout Amalec de la triste Idumée.
Aux malices du sort enfin dérobez-vous.
Nos plus riches trésors marcheront devant nous :
Vous pouvez du départ me laisser la conduite;
Surtout de vos enfans j'assurerai la fuite.
N'ayez soin cependant que de dissimuler.
Contente, sur vos pas vous me verrez voler ;
La mer la plus terrible et la plus orageuse
Est plus sûre pour nous que cette cour trompeuse.
Mais à grands pas vers vous je vois quelqu'un marcher:
C'est Hydaspe.

SCÈNE II.

AMAN, ZARÈS, HYDASPE.

HYDASPE.

Seigneur, je courois vous chercher.

ACTE III, SCÈNE II.

Votre absence en ces lieux suspend toute la joie,
Et pour vous y conduire Assuérus m'envoie.
AMAN.
Et Mardochée est-il aussi de ce festin?
HYDASPE.
A la table d'Esther portez-vous ce chagrin?
Quoi! toujours de ce Juif l'image vous désole!
Laissez-le s'applaudir d'un triomphe frivole.
Croit-il d'Assuérus éviter la rigueur?
Ne possédez-vous pas son oreille et son cœur?
On a payé le zèle, on punira le crime;
Et l'on vous a, seigneur, orné votre victime.
Je me trompe, ou vos vœux par Esther secondés
Obtiendront plus encor que vous ne demandez.
AMAN.
Croirai-je le bonheur que ta bouche m'annonce?
HYDASPE.
J'ai des savans devins entendu la réponse:
Ils disent que la main d'un perfide étranger
Dans le sang de la reine est prête à se plonger;
Et le roi, qui ne sait où trouver le coupable,
N'impute qu'aux seuls Juifs ce projet détestable.
AMAN.
Oui, ce sont, cher ami, des monstres furieux:
Il faut craindre surtout leur chef audacieux.
La terre avec horreur dès long-temps les endure,
Et l'on n'en peut trop tôt délivrer la nature.
Ah! je respire enfin. Chère Zarès, adieu.
HYDASPE.
Les compagnes d'Esther s'avancent vers ce lieu:
Sans doute leur concert va commencer la fête.
Entrez, et recevez l'honneur qu'on vous apprête.

SCÈNE III.

ELISE, LE CHOEUR.

(Ceci se récite sans chant.)

UNE DES ISRAÉLITES.

C'est Aman.

UNE AUTRE.

C'est lui-même; et j'en frémis, ma sœur.

LA PREMIÈRE.

Mon cœur de crainte et d'horreur se resserre.

L'AUTRE.

C'est d'Israel le superbe oppresseur.

LA PREMIÈRE.

C'est celui qui trouble la terre.

ÉLISE.

Peut-on en le voyant ne le connoître pas!
L'orgueil et le dédain sont peints sur son visage.

UNE ISRAÉLITE.

On lit dans ses regards sa fureur et sa rage.

UNE AUTRE.

Je croyois voir marcher la mort devant ses pas.

UNE DES PLUS JEUNES.

Je ne sais si ce tigre a reconnu sa proie :
Mais en nous regardant, mes sœurs, il m'a semblé
Qu'il avoit dans les yeux une barbare joie
 Dont tout mon sang est encore troublé.

ÉLISE.

Que ce nouvel honneur va croître son audace!
 Je le vois, mes sœurs, je le voi :
A la table d'Esther l'insolent près du roi
 A déjà pris sa place.

UNE DES ISRAÉLITES.

Ministres du festin, de grâce dites-nous

ACTE III, SCÈNE III.

Quels mets à ce cruel, quel vin préparez-vous?
UNE AUTRE.
Le sang de l'orphelin,
UNE TROISIÈME.
Les pleurs des misérables,
LA SECONDE.
Sont ses mets les plus agréables.
LA TROISIÈME.
C'est son breuvage le plus doux.
ÉLISE.
Chères sœurs, suspendez la douleur qui vous presse.
Chantons, on nous l'ordonne; et que puissent nos chants
Du cœur d'Assuérus adoucir la rudesse,
Comme autrefois David par ses accords touchans
Calmoit d'un roi jaloux la sauvage tristesse!

(Tout le reste de cette scène est chanté.)

UNE ISRAÉLITE.
Que le peuple est heureux
Lorsqu'un roi généreux,
Craint dans tout l'univers, veut encore qu'on l'aime!
Heureux le peuple! heureux le roi lui-même!

TOUT LE CHOEUR.
O repos! ô tranquillité!
O d'un parfait bonheur assurance éternelle
Quand la suprême autorité
Dans ses conseils a toujours auprès d'elle
La justice et la vérité!

(Les quatre stances suivantes sont chantées alternativement par une voix seule et par le chœur.)

UNE ISRAÉLITE.
Rois, chassez la calomnie:
Ses criminels attentats
Des plus paisibles états

Troublent l'heureuse harmonie.

Sa fureur, de sang avide,
Poursuit partout l'innocent.
Rois, prenez soin de l'absent
Contre sa langue homicide.

De ce monstre si farouche
Craignez la feinte douceur :
La vengeance est dans son cœur,
Et la pitié dans sa bouche.

La fraude adroite et subtile
Sème de fleurs son chemin :
Mais sur ses pas vient enfin
Le repentir inutile.

UNE ISRAELITE seule.

D'un souffle l'aquilon écarte les nuages,
 Et chasse au loin la foudre et les orages :
Un roi sage, ennemi du langage menteur,
Ecarte d'un regard le perfide imposteur.

UNE AUTRE.

J'admire un roi victorieux,
Que sa valeur conduit triomphant en tous lieux :
 Mais un roi sage et qui hait l'injustice,
 Qui sous la loi du riche impérieux
Ne souffre point que le pauvre gémisse,
 Est le plus beau présent des cieux.

UNE AUTRE.

La veuve en sa défense espère.

UNE AUTRE.

De l'orphelin il est le père.

TOUTES ENSEMBLE.

Et les larmes du juste implorant son appui
 Sont précieuses devant lui.

ACTE III, SCÈNE IV.

UNE ISRAÉLITE seule.

Détourne, roi puissant, détourne tes oreilles
De tout conseil barbare et mensonger.
Il est temps que tu t'éveilles :
Dans le sang innocent ta main va se plonger
Pendant que tu sommeilles.
Détourne, roi puissant, détourne tes oreilles
De tout conseil barbare et mensonger.

UNE AUTRE.

Ainsi puisse sous toi trembler la terre entière !
Ainsi puisse à jamais contre tes ennemis
Le bruit de ta valeur te servir de barrière !
S'ils t'attaquent, qu'ils soient en un moment soumis.
Que de ton bras la force les renverse ;
Que de ton nom la terreur les disperse ;
Que tout leur camp nombreux soit devant tes soldats
Comme d'enfans une troupe inutile ;
Et si par un chemin il entre en tes états
Qu'il en sorte par plus de mille.

SCÈNE IV.

ASSUÉRUS, ESTHER, AMAN, ELISE, LE CHOEUR.

ASSUERUS à Esther.

Oui, vos moindres discours ont des grâces secrètes :
Une noble pudeur à tout ce que vous faites
Donne un prix que n'ont point ni la pourpre ni l'or.
Quel climat renfermoit un si rare trésor ?
Dans quel sein vertueux avez-vous pris naissance,
Et quelle main si sage éleva votre enfance ?
Mais dites promptement ce que vous demandez :
Tous vos désirs, Esther, vous seront accordés ;
Dussiez-vous, je l'ai dit et veux bien le redire,

Demander la moitié de ce puissant empire.
ESTHER.
Je ne m'égare point dans ces vastes désirs.
Mais puisqu'il faut enfin expliquer mes soupirs,
Puisque mon roi lui-même à parler me convie,
(Elle se jette aux pieds du roi.)
J'ose vous implorer et pour ma propre vie
Et pour les tristes jours d'un peuple infortuné
Qu'à périr avec moi vous avez condamné.
ASSUÉRUS la relevant
A périr ! vous ! Quel peuple ? et quel est ce mystère ?
AMAN à part.
Je tremble.
ESTHER.
Esther, seigneur, eut un Juif pour son père.
De vos ordres sanglans vous savez la rigueur.
AMAN à part.
Ah dieux !
ASSUÉRUS.
Ah ! de quel coup me percez-vous le cœur !
Vous la fille d'un Juif ! Eh quoi ! tout ce que j'aime,
Cette Esther, l'innocence et la sagesse même,
Que je croyois du ciel les plus chères amours,
Dans cette source impure auroit puisé ses jours !
Malheureux !
ESTHER.
Vous pourrez rejeter ma prière :
Mais je demande au moins que pour grâce dernière
Jusqu'à la fin, seigneur, vous m'entendiez parler,
Et que surtout Aman n'ose point me troubler.
ASSUÉRUS.
Parlez.
ESTHER.
O Dieu, confonds l'audace et l'imposture !
Ces Juifs dont vous voulez délivrer la nature;

Que vous croyez, seigneur, le rebut des humains,
D'une riche contrée autrefois souverains,
Pendant qu'ils n'adoroient que le Dieu de leurs pères
Ont vu bénir le cours de leurs destins prospères.
Ce Dieu, maître absolu de la terre et des cieux,
N'est point tel que l'erreur le figure à vos yeux.
L'Eternel est son nom, le monde est son ouvrage;
Il entend les soupirs de l'humble qu'on outrage,
Juge tous les mortels avec d'égales lois,
Et du haut de son trône interroge les rois.
Des plus fermes états la chute épouvantable
Quand il veu. n'est qu'un jeu de sa main redoutable.
Les Juifs à d'autres dieux osèrent s'adresser :
Roi, peuples, en un jour tout se vit disperser ;
Sous les Assyriens leur triste servitude
Devint le juste prix de leur ingratitude.
Mais pour punir enfin nos maîtres à leur tour
Dieu fit choix de Cyrus avant qu'il vît le jour,
L'appela par son nom, le promit à la terre,
Le fit naître, et soudain l'arma de son tonnerre,
Brisa les fiers remparts et les portes d'airain,
Mit des superbes rois la dépouille en sa main,
De son temple détruit vengea sur eux l'injure :
Babylone paya nos pleurs avec usure.
Cyrus par lui vainqueur publia ses bienfaits,
Regarda notre peuple avec des yeux de paix,
Nous rendit et nos lois et nos fêtes divines ;
Et le temple déjà sortoit de ses ruines.
Mais, de ce roi si sage héritier insensé,
Son fils interrompit l'ouvrage commencé.
Fut sourd à nos douleurs. Dieu rejeta sa race,
Le retrancha lui-même, et vous mit en sa place.
Que n'espérions-nous point d'un roi si généreux !
Dieu regarde en pitié son peuple malheureux,
Disions-nous ; un roi règne, ami de l'innocence.

Partout du nouveau prince on vantoit la clémence :
Les Juifs partout de joie en poussèrent des cris.
Ciel! verra-t-on toujours par de cruels esprits
Des princes les plus doux l'oreille environnée,
Et du bonheur public la source empoisonnée!
Dans le fond de la Thrace un barbare enfanté
Est venu dans ces lieux souffler la cruauté ;
Un ministre ennemi de votre propre gloire...

AMAN.

De votre gloire, moi! Ciel! le pourriez-vous croire?
Moi qui n'ai d'autre objet ni d'autre dieu...

ASSUÉRUS.

Tais-toi.
Oses-tu donc parler sans l'ordre de ton roi?

ESTHER.

Notre ennemi cruel devant vous se déclare.
C'est lui, c'est ce ministre infidèle et barbare
Qui, d'un zèle trompeur à vos yeux revêtu,
Contre notre innocence arma votre vertu.
Et quel autre, grand Dieu! qu'un Scythe impitoyable
Auroit de tant d'horreurs dicté l'ordre effroyable!
Partout l'affreux signal en même temps donné
De meurtres remplira l'univers étonné :
On verra sous le nom du plus juste des princes
Un perfide étranger désoler vos provinces;
Et dans ce palais même, en proie à son courroux,
Le sang de vos sujets regorger jusqu'à vous.
Et que reproche aux Juifs sa haine envenimée?
Quelle guerre intestine avons-nous allumée?
Les a-t-on vus marcher parmi vos ennemis?
Fut-il jamais au joug esclaves plus soumis?
Adorant dans leurs fers le Dieu qui les châtie,
Pendant que votre main sur eux appesantie
A leurs persécuteurs les livroit sans secours,
Ils conjuroient ce Dieu de veiller sur vos jours,

De rompre des méchans les trames criminelles,
De mettre votre trône à l'ombre de ses ailes.
N'en doutez point, seigneur, il fut votre soutien :
Lui seul mit à vos pieds le Parthe et l'Indien,
Dissipa devant vous les innombrables Scythes,
Et renferma les mers dans vos vastes limites :
Lui seul aux yeux d'un Juif découvrit le dessein
De deux traîtres tout prêts à vous percer le sein.
Hélas! ce Juif jadis m'adopta pour sa fille.

ASSUÉRUS.

Mardochée ?

ESTHER.

Il restoit seul de notre famille.
Mon père étoit son frère. Il descend comme moi
Du sang infortuné de notre premier roi.
Plein d'une juste horrèur pour un Amalécite,
Race que notre Dieu de sa bouche a maudite,
Il n'a devant Aman pu fléchir les genoux,
Ni lui rendre un honneur qu'il ne croit dû qu'à vous.
De là contre les Juifs et contre Mardochée
Cette haine, seigneur, sous d'autres noms cachée.
En vain de vos bienfaits Mardochée est paré :
A la porte d'Aman est déja préparé
D'un infâme trépas l'instrument exécrable ;
Dans une heure au plus tard ce vieillard vénérable,
Des portes du palais par son ordre arraché,
Couvert de votre pourpre y doit être attaché.

ASSUÉRUS.

Quel jour mêlé d'horreur vient effrayer mon ame!
Tout mon sang de colère et de honte s'enflamme.
J'étois donc le jouet... Ciel, daigne m'éclairer !
Un moment sans témoins cherchons à respirer.
Appelez Mardochée : il faut aussi l'entendre.

(Assuérus s'éloigne.)

UNE ISRAELITE.
Vérité, que j'implore, achève de descendre!

SCÈNE V.

ESTHER, AMAN, ELISE, LE CHOEUR.

AMAN à Esther.

D'un juste étonnement je demeure frappé.
Les ennemis des Juifs m'ont trahi, m'ont trompé :
J'en atteste du ciel la puissance suprême,
En les perdant j'ai cru vous assurer vous-même.
Princesse, en leur faveur employez mon crédit :
Le roi, vous le voyez, flotte encore interdit.
Je sais par quels ressorts on le pousse, on l'arrête,
Et fais comme il me plaît le calme et la tempête.
Les intérêts des Juifs déjà me sont sacrés.
Parlez : vos ennemis aussitôt massacrés,
Victimes de la foi que ma bouche vous jure,
De ma fatale erreur répareront l'injure.
Quel sang demandez-vous?

ESTHER.

Va, traître, laisse-moi :
Les Juifs n'attendent rien d'un méchant tel que toi.
Misérable! le Dieu vengeur de l'innocence,
Tout prêt à te juger, tient déjà sa balance :
Bientôt son juste arrêt te sera prononcé.
Tremble : son jour approche, et ton règne est passé.

AMAN.

Oui, ce Dieu, je l'avoue, est un Dieu redoutable.
Mais veut-il que l'on garde une haine implacable?
C'en est fait : mon orgueil est forcé de plier.
L'inexorable Aman est réduit à prier.

(Il se jette aux pieds d'Esther.)

Par le salut des Juifs, par ces pieds que j'embrasse,
Par ce sage vieillard, l'honneur de votre race,
Daignez d'un roi terrible apaiser le courroux :
Sauvez Aman, qui tremble à vos sacrés genoux !

SCÈNE VI.

ASSUÉRUS, ESTHER, AMAN, ELISE, LE CHOEUR, GARDES.

ASSUÉRUS.

Quoi ! le traître sur vous porte ses mains hardies !
Ah ! dans ses yeux confus je lis ses perfidies ;
Et son trouble appuyant la foi de vos discours
De tous ses attentats me rappelle le cours.
Qu'à ce monstre à l'instant l'ame soit arrachée,
Et que devant sa porte au lieu de Mardochée,
Apaisant par sa mort et la terre et les cieux,
De mes peuples vengés il repaisse les yeux

(Aman est emmené par les gardes.)

SCÈNE VII.

ASSUÉRUS, ESTHER, MARDOCHÉE, ELISE, LE CHOEUR.

ASSUÉRUS à Mardochée.

Mortel chéri du ciel, mon salut et ma joie,
Aux conseils des méchans ton roi n'est plus en proie ;
Mes yeux sont dessillés, le crime est confondu :
Viens briller près de moi dans le rang qui t'est dû.
Je te donne d'Aman les biens et la puissance :
Possède justement son injuste opulence.
Je romps le joug funeste où les Juifs sont soumis.

Je leur livre le sang de tous leurs ennemis ;
A l'égal des Persans je veux qu'on les honore,
Et que tout tremble au nom du dieu qu'Esther adore.
Rebâtissez son temple, et peuplez vos cités ;
Que vos heureux enfans dans leurs solennités
Consacrent de ce jour le triomphe et la gloire,
Et qu'à jamais mon nom vive dans leur mémoire.

SCÈNE VIII.

ASSUÉRUS, ESTHER, MARDOCHÉE, ASAPH, ELISE, LE CHOEUR.

ASSUÉRUS.

Que veut Asaph ?

ASAPH.

Seigneur, le traître est expiré
Par le peuple en fureur à moitié déchiré.
On traîne, on va donner en spectacle funeste
De son corps tout sanglant le misérable reste.

MARDOCHÉE.

Roi, qu'à jamais le ciel prenne soin de vos jours !
Le péril des Juifs presse et veut un prompt secours.

ASSUÉRUS.

Oui, je t'entends. Allons par des ordres contraires
Révoquer d'un méchant les ordres sanguinaires.

ESTHER.

O Dieu, par quelle route inconnue aux mortels
Ta sagesse conduit ses desseins éternels !

SCÈNE IX.

LE CHOEUR.

TOUT LE CHOEUR.

Dieu fait triompher l'innocence :

ACTE III, SCÈNE IX.

Chantons, célébrons sa puissance.
UNE ISRAÉLITE.
Il a vu contre nous les méchans s'assembler,
Et notre sang prêt à couler ;
Comme l'eau sur la terre ils alloient le répandre :
Du haut du ciel sa voix s'est fait entendre ;
L'homme superbe est renversé :
Ses propres flèches l'ont percé.
UNE AUTRE.
J'ai vu l'impie adoré sur la terre ;
Pareil au cèdre, il cachoit dans les cieux
Son front audacieux ;
Il sembloit à son gré gouverner le tonnerre,
Fouloit aux pieds ses ennemis vaincus :
Je n'ai fait que passer, il n'étoit déjà plus.
UNE AUTRE.
On peut des plus grands rois surprendre la justice :
Incapables de tromper,
Ils ont peine à s'échapper
Des pièges de l'artifice.
Un cœur noble ne peut soupçonner en autrui
La bassesse et la malice
Qu'il ne sent point en lui.
UNE AUTRE.
Comment s'est calmé l'orage ?
UNE AUTRE.
Quelle main salutaire a chassé le nuage ?
TOUT LE CHOEUR.
L'aimable Esther a fait ce grand ouvrage.
UNE ISRAÉLITE seule.
De l'amour de son Dieu son cœur s'est embrasé ;
Au péril d'une mort funeste
Son zèle ardent s'est exposé ;
Elle a parlé, le ciel a fait le reste.

ESTHER.

DEUX ISRAÉLITES.

Esther a triomphé des filles des Persans :
La nature et le ciel à l'envi l'ont ornée.

L'UNE DES DEUX.

Tout ressent de ses yeux les charmes innocens.
Jamais tant de beauté fut-elle couronnée ?

L'AUTRE.

Les charmes de son cœur sont encor plus puissans.
Jamais tant de vertu fut-elle couronnée ?

TOUTES DEUX ensemble.

Esther a triomphé des filles des Persans :
La nature et le ciel à l'envi l'ont ornée.

UNE ISRAÉLITE seule.

Ton Dieu n'est plus irrité ;
Réjouis-toi, Sion, et sors de la poussière ;
Quitte les vêtemens de ta captivité,
Et reprends ta splendeur première.
Les chemins de Sion à la fin sont ouverts :
Rompez vos fers,
Tribus captives ;
Repassez les monts et les mers ;
Rassemblez-vous des bouts de l'univers.

TOUT LE CHOEUR.

Rompez vos fers,
Tribus captives ;
Repassez les monts et les mers ;
Rassemblez-vous des bouts de l'univers.

UNE ISRAÉLITE seule.

Je reverrai ces campagnes si chères.

UNE AUTRE.

J'irai pleurer au tombeau de mes pères.

TOUT LE CHOEUR.

Repassez les monts et les mers ;
Rassemblez-vous des bouts de l'univers.

ACTE III, SCÈNE IX.

UNE ISRAÉLITE seule.

Relevez, relevez les superbes portiques
Du temple où notre Dieu se plaît d'être adoré :
Que de l'or le plus pur son autel soit paré,
Et que du sein des monts le marbre soit tiré.
Liban, dépouille-toi de tes cèdres antiques :
   Prêtres sacrés, préparez vos cantiques.

UNE AUTRE.

Dieu descend et revient habiter parmi nous :
   Terre, frémis d'allégresse et de crainte ;
     Et vous, sous sa majesté sainte,
       Cieux, abaissez-vous.

UNE AUTRE.

Que le Seigneur est bon ! que son joug est aimable !
Heureux qui dès l'enfance en connoît la douceur !
Jeune peuple, courez à ce maître adorable :
Les biens les plus charmans n'ont rien de comparable
Aux torrens de plaisirs qu'il répand dans un cœur.
Que le Seigneur est bon ! que son joug est aimable !
Heureux qui dès l'enfance en connoît la douceur !

UNE AUTRE.

   Il s'apaise, il pardonne ;
   Du cœur ingrat qui l'abandonne
     Il attend le retour ;
   Il excuse notre foiblesse :
   A nous chercher même il s'empresse :
   Pour l'enfant qu'elle a mis au jour
     Une mère a moins de tendresse.
Ah ! qui peut avec lui partager notre amour !

TROIS ISRAÉLITES.

Il nous fait remporter une illustre victoire.

L'UNE DES TROIS.

   Il nous a révélé sa gloire.

TOUTES TROIS ensemble.

Ah! qui peut avec lui partager notre amour!

TOUT LE CHOEUR.

Que son nom soit béni; que son nom soit chanté;
Que l'on célèbre ses ouvrages
Au-delà des temps et des âges,
Au-delà de l'éternité.

FIN D'ESTHER.

ATHALIE,
TRAGÉDIE.
(1691.)

PERSONNAGES.

Joas, roi de Juda, fils d'Ochozias.
Athalie, veuve de Joram, aïeule de Joas.
Joad, autrement Joïada, grand-prêtre.
Josabet, tante de Joas, femme du grand-prêtre.
Zacharie, fils de Joas et de Josabet.
Salomith, sœur de Zacharie.
Abner, l'un des principaux officiers des rois de Juda.
Azarias, Ismael et les trois autres chefs des prêtres et des lévites.
Mathan, prêtre apostat, sacrificateur de Baal.
Nabal, confident de Mathan.
Agar, femme de la suite d'Athalie.
Troupe de prêtres et de lévites.
Suite d'Athalie.
La nourrice de Joas.
Choeur de jeunes filles de la tribu de Lévi.

La scène est dans le temple de Jérusalem, dans un vestibule de l'appartement du grand-prêtre.

ATHALIE,

TRAGÉDIE.

ACTE PREMIER.

SCÈNE I.

JOAD, ABNER.

ABNER.

Oui, je viens dans son temple adorer l'Eternel;
Je viens, selon l'usage antique et solennel,
Célébrer avec vous la fameuse journée
Où sur le mont Sina la loi nous fut donnée.
Que les temps sont changés ! Sitôt que de ce jour
La trompette sacrée annonçoit le retour,
Du temple, orné partout de festons magnifiques,
Le peuple saint en foule inondoit les portiques;
Et tous devant l'autel avec ordre introduits,
De leurs champs dans leurs mains portant les nouveaux fruits,
Au Dieu de l'univers consacroient ces prémices :
Les prêtres ne pouvoient suffire aux sacrifices.
L'audace d'une femme, arrêtant ce concours,
En des jours ténébreux a changé ces beaux jours.
D'adorateurs zélés à peine un petit nombre
Ose des premiers temps nous retracer quelque ombre :
Le reste pour son Dieu montre un oubli fatal,
Ou même s'empressant aux autels de Baal
Se fait initier à ses honteux mystères,

Et blasphème le nom qu'ont invoqué leurs pères.
Je tremble qu'Athalie, à ne vous rien cacher,
Vous-même de l'autel vous faisant arracher,
N'achève enfin sur vous ses vengeances funestes,
Et d'un respect forcé ne dépouille les restes.

JOAD.
D'où vous vient aujourd'hui ce noir pressentiment ?

ABNER.
Pensez-vous être saint et juste impunément ?
Dès long-temps elle hait cette fermeté rare
Qui rehausse en Joad l'éclat de la tiare :
Dès long-temps votre amour pour la religion
Est traité de révolte et de sédition.
Du mérite éclatant cette reine jalouse
Hait surtout Josabet, votre fidèle épouse :
Si du grand-prêtre Aaron Joad est successeur,
De notre dernier roi Josabet est la sœur.
Mathan d'ailleurs, Mathan, ce prêtre sacrilége,
Plus méchant qu'Athalie, à toute heure l'assiége ;
Mathan, de nos autels infâme déserteur
Et de toute vertu zélé persécuteur.
C'est peu que, le front ceint d'une mitre étrangère,
Ce lévite à Baal prête son ministère ;
Ce temple l'importune, et son impiété
Voudroit anéantir le Dieu qu'il a quitté.
Pour vous perdre il n'est point de ressorts qu'il n'invente ;
Quelquefois il vous plaint, souvent même il vous vante.
Il affecte pour vous une fausse douceur ;
Et, par là de son fiel colorant la noirceur,
Tantôt à cette reine il vous peint redoutable ;
Tantôt, voyant pour l'or sa soif insatiable,
Il lui feint qu'en un lieu que vous seul connoissez
Vous cachez des trésors par David amassés.
Enfin depuis deux jours la superbe Athalie
Dans un sombre chagrin paroît ensevelie.

Je l'observois hier, et je voyois ses yeux
Lancer sur le lieu saint des regards furieux ;
Comme si dans le fond de ce vaste édifice
Dieu cachoit un vengeur armé pour son supplice.
Croyez-moi, plus j'y pense, et moins je puis douter
Que sur vous son courroux ne soit près d'éclater,
Et que de Jézabel la fille sanguinaire
Ne vienne attaquer Dieu jusqu'en son sanctuaire.

JOAD.

Celui qui met un frein à la fureur des flots
Sait aussi des méchans arrêter les complots.
Soumis avec respect à sa volonté sainte,
Je crains Dieu, cher Abner, et n'ai point d'autre crainte.
Cependant je rends grâce au zèle officieux
Qui sur tous mes périls vous fait ouvrir les yeux.
Je vois que l'injustice en secret vous irrite,
Que vous avez encor le cœur israélite.
Le ciel en soit béni ! Mais ce secret courroux,
Cette oisive vertu, vous en contentez-vous ?
La foi qui n'agit point est-ce une foi sincère ?
Huit ans déjà passés, une impie étrangère
Du sceptre de David usurpe tous les droits,
Se baigne impunément dans le sang de nos rois,
Des enfans de son fils détestable homicide,
Et même contre Dieu lève son bras perfide.
Et vous, l'un des soutiens de ce tremblant état,
Vous, nourri dans les camps du saint roi Josaphat,
Qui sous son fils Joram commandiez nos armées,
Qui rassurâtes seul nos villes alarmées
Lorsque d'Ochozias le trépas imprévu
Dispersa tout son camp à l'aspect de Jéhu ;
Je crains Dieu, dites-vous, sa vérité me touche
Voici comme ce Dieu vous répond par ma bouche :
« Du zèle de ma loi que sert de vous parer ?
Par de stériles vœux pensez-vous m'honorer ?

Quel fruit me revient-il de tous vos sacrifices?
Ai-je besoin du sang des boucs et des génisses?
Le sang de vos rois crie, et n'est point écouté.
Rompez, rompez tout pacte avec l'impiété;
Du milieu de mon peuple exterminez les crimes :
Et vous viendrez alors m'immoler vos victimes.»

ABNER.

Eh! que puis-je au milieu de ce peuple abattu?
Benjamin est sans force, et Juda sans vertu :
Le jour qui de leurs rois vit éteindre la race
Eteignit tout le feu de leur antique audace.
Dieu même, disent-ils, s'est retiré de nous :
De l'honneur des Hébreux autrefois si jaloux,
Il voit sans intérêt leur grandeur terrassée;
Et sa miséricorde à la fin s'est lassée :
On ne voit plus pour nous ses redoutables mains
De merveilles sans nombre effrayer les humains :
L'arche sainte est muette, et ne rend plus d'oracles.

JOAD.

Et quel temps fut jamais si fertile en miracles?
Quand Dieu par plus d'effets montra-t-il son pouvoir?
Auras-tu donc toujours des yeux pour ne point voir,
Peuple ingrat? quoi! toujours les plus grandes merveilles
Sans ébranler ton cœur frapperont tes oreilles?
Faut-il, Abner, faut-il vous rappeler le cours
Des prodiges fameux accomplis en nos jours,
Des tyrans d'Israel les célèbres disgrâces,
Et Dieu trouvé fidèle en toutes ses menaces;
L'impie Achab détruit, et de son sang trempé
Le champ que par le meurtre il avoit usurpé;
Près de ce champ fatal Jézabel immolée;
Sous les pieds des chevaux cette reine foulée;
Dans son sang inhumain les chiens désaltérés,
Et de son corps hideux les membres déchirés;
Des prophètes menteurs la troupe confondue,

ACTE I, SCÈNE I.

Et la flamme du ciel sur l'autel descendue;
Elie aux élémens parlant en souverain,
Les cieux par lui fermés et devenus d'airain,
Et la terre trois ans sans pluie et sans rosée;
Les morts se ranimant à la voix d'Elisée?
Reconnoissez, Abner, à ces traits éclatans
Un Dieu tel aujourd'hui qu'il fut dans tous les temps.
Il sait quand il lui plaît faire éclater sa gloire;
Et son peuple est toujours présent à sa mémoire.

ABNER.

Mais où sont ces honneurs à David tant promis,
Et prédits même encor à Salomon, son fils?
Hélas! nous espérions que de leur race heureuse
Devoit sortir de rois une suite nombreuse;
Que sur toute tribu, sur toute nation
L'un d'eux établiroit sa domination,
Feroit cesser partout la discorde et la guerre,
Et verroit à ses pieds tous les rois de la terre.

JOAD.

Aux promesses du ciel pourquoi renoncez-vous?

ABNER.

Ce roi, fils de David, où le chercherons-nous?
Le ciel même peut-il réparer les ruines
De cet arbre séché jusque dans ses racines?
Athalie étouffa l'enfant même au berceau.
Les morts après huit ans sortent-ils du tombeau?
Ah! si dans sa fureur elle s'étoit trompée;
Si du sang de nos rois quelque goutte échappée...

JOAD.

Eh bien! que feriez-vous?

ABNER.

O jour heureux pour moi!
De quelle ardeur j'irois reconnoître mon roi!
Doutez-vous qu'à ses pieds nos tribus empressées...

Mais pourquoi me flatter de ces vaines pensées?
Déplorable héritier de ces rois triomphans,
Ochozias restoit seul avec ses enfans :
Par les traits de Jéhu je vis percer le père ;
Vous avez vu les fils massacrés par la mère.

JOAD.

Je ne m'explique point : mais quand l'astre du jour
Aura sur l'horizon fait le tiers de son tour,
Lorsque la troisième heure aux prières rappelle,
Retrouvez-vous au temple avec ce même zèle.
Dieu pourra vous montrer par d'importans bienfaits
Que sa parole est stable et ne trompe jamais.
Allez : pour ce grand jour il faut que je m'apprête,
Et du temple déjà l'aube blanchit le faîte.

ABNER.

Quel sera ce bienfait que je ne comprends pas?
L'illustre Josabet porte vers vous ses pas :
Je sors et vais me joindre à la troupe fidèle
Qu'attire de ce jour la pompe solennelle.

SCÈNE II.

JOAD, JOSABET.

JOAD.

Les temps sont accomplis, princesse : il faut parler,
Et votre heureux larcin ne se peut plus celer.
Des ennemis de Dieu la coupable insolence,
Abusant contre lui de ce profond silence,
Accuse trop long-temps ses promesses d'erreur :
Que dis-je! le succès animant leur fureur,
Jusque sur notre autel votre injuste marâtre
Veut offrir à Baal un encens idolâtre.
Montrons ce jeune roi que vos mains ont sauvé,

Sous l'aile du Seigneur dans le temple élevé.
De nos princes hébreux il aura le courage,
Et déjà son esprit a devancé son âge.
Avant que son destin s'explique par ma voix
Je vais l'offrir au Dieu par qui régnent les rois :
Aussitôt assemblant nos lévites, nos prêtres,
Je leur déclarerai l'héritier de leurs maîtres.
####### JOSABET.
Sait-il déjà son nom et son noble destin?
####### JOAS.
Il ne répond encor qu'au nom d'Eliacin,
Et se croit quelque enfant rejeté par sa mère,
A qui j'ai par pitié daigné servir de père.
####### JOSABET.
Hélas! de quel péril je l'avois su tirer!
Dans quel péril encore il est près de rentrer!
####### JOAD.
Quoi! déjà votre foi s'affoiblit et s'étonne?
####### JOSABET.
A vos sages conseils, seigneur, je m'abandonne.
Du jour que j'arrachai cet enfant à la mort
Je remis en vos mains tout le soin de son sort;
Même de mon amour craignant la violence,
Autant que je le puis j'évite sa présence,
De peur qu'en le voyant quelque trouble indiscret
Ne fasse avec mes pleurs échapper mon secret.
Surtout j'ai cru devoir aux larmes, aux prières,
Consacrer ces trois jours et ces trois nuits entières.
Cependant aujourd'hui puis-je vous demander
Quels amis vous avez prêts à vous seconder?
Abner, le brave Abner viendra-t-il nous défendre?
A-t-il près de son roi fait serment de se rendre?
####### JOAD.
Abner, quoiqu'on se pût assurer sur sa foi,

Ne sait pas même encor si nous avons un roi.
####### JOSABET.
Mais à qui de Joas confiez-vous la garde?
Est-ce Obed, est-ce Ammon que cet honneur regarde?
De mon père sur eux les bienfaits répandus....
####### JOAD.
A l'injuste Athalie ils se sont tous vendus.
####### JOSABET.
Qui donc opposez-vous contre ses satellites?
####### JOAD.
Ne vous l'ai-je pas dit? nos prêtres, nos lévites.
####### JOSABET.
Je sais que, près de vous en secret assemblé,
Par vos soins prévoyans leur nombre est redoublé;
Que pleins d'amour pour vous, d'horreur pour Athalie,
Un serment solennel par avance les lie
A ce fils de David qu'on leur doit révéler.
Mais, quelque noble ardeur dont ils puissent brûler,
Peuvent-ils de leur roi venger seuls la querelle?
Pour un si grand ouvrage est-ce assez de leur zèle?
Doutez-vous qu'Athalie au premier bruit semé
Qu'un fils d'Ochozias est ici renfermé,
De ses fiers étrangers assemblant les cohortes,
N'environne le temple, et n'en brise les portes?
Suffira-t-il contre eux de vos ministres saints,
Qui, levant au Seigneur leurs innocentes mains,
Ne savent que gémir et prier pour nos crimes,
Et n'ont jamais versé que le sang des victimes?
Peut-être dans leurs bras Joas percé de coups....
####### JOAD.
Et comptez-vous pour rien Dieu, qui combat pour nou
Dieu, qui de l'orphelin protège l'innocence,
Et fait dans la foiblesse éclater sa puissance;
Dieu, qui hait les tyrans et qui dans Jezrael

Jura d'exterminer Achab et Jézabel;
Dieu, qui frappant Joram, le mari de leur fille,
A jusque sur son fils poursuivi leur famille;
Dieu, dont le bras vengeur pour un temps suspendu
Sur cette race impie est toujours étendu?
JOSABET.
Et c'est sur tous ces rois sa justice sévère
Que je crains pour le fils de mon malheureux frère.
Qui sait si cet enfant, par leur crime entraîné,
Avec eux en naissant ne fut pas condamné?
Si Dieu, le séparant d'une odieuse race,
En faveur de David voudra lui faire grâce?
Hélas l'état horrible où le ciel me l'offrit
Revient à tout moment effrayer mon esprit.
De princes égorgés la chambre étoit remplie :
Un poignard à la main l'implacable Athalie
Au carnage animoit ses barbares soldats,
Et poursuivoit le cours de ses assassinats.
Joas, laissé pour mort, frappa soudain ma vue :
Je me figure encor sa nourrice éperdue,
Qui devant les bourreaux s'étoit jetée en vain,
Et, foible, le tenoit renversé sur son sein.
Je le pris tout sanglant. En baignant son visage
Mes pleurs du sentiment lui rendirent l'usage;
Et, soit frayeur encore ou pour me caresser,
De ses bras innocens je me sentis presser.
Grand Dieu, que mon amour ne lui soit point funeste!
Du fidèle David c'est le précieux reste.
Nourri dans ta maison, en l'amour de ta loi,
Il ne connoît encor d'autre père que toi.
Sur le point d'attaquer une reine homicide,
A l'aspect du péril si ma foi s'intimide,
Si la chair et le sang, se troublant aujourd'hui,
Ont trop de part aux pleurs que je répands pour lui,
Conserve l'héritier de tes saintes promesses,

Et ne punis que moi de toutes mes foiblesses!
JOAD.
Vos larmes, Josabet, n'ont rien de criminel:
Mais Dieu veut qu'on espère en son sein paternel.
Il ne recherche point, aveugle en sa colère,
Sur le fils qui le craint l'impiété du père.
Tout ce qui reste encor de fidèles Hébreux
Lui viendront aujourd'hui renouveler leurs vœux.
Autant que de David la race est respectée,
Autant de Jézabel la fille est détestée.
Joas les touchera par sa noble pudeur,
Où semble de son sang reluire la splendeur:
Et Dieu, par sa voix même appuyant notre exemple,
De plus près à leur cœur parlera dans son temple.
Deux infidèles rois tour à tour l'ont bravé:
Il faut que sur leur trône un roi soit élevé
Qui se souvienne un jour qu'au rang de ses ancêtres
Dieu l'a fait remonter par la main de ses prêtres,
L'a tiré par leurs mains de l'oubli du tombeau,
Et de David éteint rallumé le flambeau.
Grand Dieu, si tu prévois qu'indigne de sa race
Il doive de David abandonner la trace,
Qu'il soit comme le fruit en naissant arraché,
Ou qu'un souffle ennemi dans sa fleur a séché!
Mais si ce même enfant, à tes ordres docile,
Doit être à tes desseins un instrument utile,
Fais qu'au juste héritier le sceptre soit remis;
Livre en mes foibles mains ses puissans ennemis;
Confonds dans ses conseils une reine cruelle!
Daigne, daigne, mon Dieu, sur Mathan et sur elle
Répandre cet esprit d'imprudence et d'erreur,
De la chute des rois funeste avant-coureur!
L'heure me presse: adieu. Des plus saintes familles
Votre fils et sa sœur vous amènent les filles.

SCÈNE III.

**JOSABET, ZACHARIE, SALOMITH,
LE CHOEUR.**

JOSABET.
Cher Zacharie, allez, ne vous arrêtez pas ;
De votre auguste père accompagnez les pas.
O fille de Lévi, troupe jeune et fidèle,
Que déjà le Seigneur embrase de son zèle,
Qui venez si souvent partager mes soupirs,
Enfans, ma seule joie en mes longs déplaisirs,
Ces festons dans vos mains et ces fleurs sur vos têtes
Autrefois convenoient à nos pompeuses fêtes.
Mais, hélas ! en ce temps d'opprobre et de douleurs
Quelle offrande sied mieux que celle de nos pleurs.
J'entends déjà, j'entends la trompette sacrée,
Et du temple bientôt on permettra l'entrée.
Tandis que je me vais préparer à marcher,
Chantez, louez le Dieu que vous venez chercher.

SCÈNE IV.

LE CHOEUR.

TOUT LE CHOEUR chante.
Tout l'univers est plein de sa magnificence ;
Qu'on l'adore ce Dieu, qu'on l'invoque à jamais :
Son empire a des temps précédé la naissance :
   Chantons, publions ses bienfaits.
UNE VOIX seule.
  En vain l'injuste violence
Au peuple qui le loue imposeroit silence ;
   Son nom ne périra jamais.
Le jour annonce au jour sa gloire et sa puissance,
Tout l'univers est plein de sa magnificence :

Chantons, publions ses bienfaits.
TOUT LE CHOEUR répète.
Tout l'univers est plein de sa magnificence :
Chantons, publions ses bienfaits.
UNE VOIX seule.
Il donne aux fleurs leur aimable peinture ;
Il fait naître et mûrir les fruits ;
Il leur dispense avec mesure
Et la chaleur des jours et la fraîcheur des nuits :
Le champ qui les reçut les rend avec usure.
UNE AUTRE.
Il commande au soleil d'animer la nature,
Et la lumière est un don de ces mains :
Mais sa loi sainte, sa loi pure
Est le plus riche don qu'il ait fait aux humains.
UNE AUTRE.
O mont de Sinaï, conserve la mémoire
De ce jour à jamais auguste et renommé,
Quand sur ton sommet enflammé
Dans un nuage épais le Seigneur enfermé
Fit luire aux yeux mortels un rayon de sa gloire.
Dis-nous pourquoi ces feux et ces éclairs,
Ces torrens de fumée et ce bruit dans les airs,
Ces trompettes et ce tonnerre ;
Venoit-il renverser l'ordre des élémens ?
Sur ses antiques fondemens
Venoit-il ébranler la terre ?
UNE AUTRE.
Il venoit révéler aux enfans des Hébreux
De ses préceptes saints la lumière immortelle ;
Il venoit à ce peuple heureux
Ordonner de l'aimer d'une amour éternelle.
TOUT LE CHOEUR.
O divine, ô charmante loi !
O justice, ô bonté suprême !

ACTE I, SCÈNE IV.

Que de raisons, quelle douceur extrême
D'engager à ce Dieu son amour et sa foi !

UNE VOIX seule.

D'un joug cruel il sauva nos aïeux,
Les nourrit au désert d'un pain délicieux;
Il nous donne ses lois, il se donne lui-même:
Pour tant de biens il commande qu'on l'aime.

LE CHOEUR.

O justice, ô bonté suprême !

LA MÊME VOIX.

Des mers pour eux il entr'ouvrit les eaux,
D'un aride rocher fit sortir des ruisseaux ;
Il nous donne ses lois, il se donne lui-même:
Pour tant de biens il commande qu'on l'aime.

LE CHOEUR.

O divine, ô charmante loi !
Que de raisons, quelle douceur extrême
D'engager à ce Dieu son amour et sa foi !

UNE AUTRE VOIX seule.

Vous qui ne connoissez qu'une crainte servile,
Ingrats, un Dieu si bon ne peut-il vous charmer ?
Est-il donc à vos cœurs, est-il si difficile
Et si pénible de l'aimer ?
L'esclave craint le tyran qui l'outrage;
Mais des enfans l'amour est le partage:
Vous voulez que ce Dieu vous comble de bienfaits,
Et ne l'aimer jamais !

TOUT LE CHOEUR.

O divine, ô charmante loi !
O justice, ô bonté suprême !
Que de raisons, quelle douceur extrême
D'engager à ce Dieu son amour et sa foi !

ACTE SECOND.

SCÈNE I.

JOSABET, SALOMITH, LE CHOEUR.

JOSABET.
Mes filles, c'est assez ; suspendez vos cantiques :
Il est temps de nous joindre aux prières publiques.
Voici notre heure ; allons célébrer ce grand jour,
Et devant le Seigneur paroître à notre tour.

SCÈNE II.

ZACHARIE, JOSABET, SALOMITH, LE CHOEUR.

JOSABET.
Mais que vois-je! Mon fils quel sujet vous ramène ?
Où courez-vous ainsi tout pâle et hors d'haleine ?
ZACHARIE.
O ma mère!
JOSABET.
Eh bien! quoi ?
ZACHARIE.
Le temple est profané.
JOSABET.
Comment ?
ZACHARIE.
Et du Seigneur l'autel abandonné.

ACTE II, SCÈNE II.

JOSABET.

Je tremble. Hâtez-vous d'éclaircir votre mére.

ZACHARIE.

Déjà selon la loi le grand-prêtre, mon pére,
Aprés avoir au Dieu qui nourrit les humains
De la moisson nouvelle offert les premiers pains,
Lui présentoit encore entre ses mains sanglantes
Des victimes de paix les entrailles fumantes;
Debout à ses côtés le jeune Eliacin
Comme moi le servoit en long habit de lin ;
Et cependant du sang de la chair immolée
Les prêtres arrosoient l'autel et l'assemblée :
Un bruit confus s'éléve, et du peuple surpris
Détourne tout à coup les yeux et les esprits.
Une femme... peut-on la nommer sans blasphéme !
Une femme... C'étoit Athalie elle-même.

JOSABET.

Ciel !

ZACHARIE.

Dans un des parvis aux hommes réservé
Cette femme superbe entre le front levé,
Et se préparoit même à passer les limites
De l'enceinte sacrée ouverte aux seuls lévites.
Le peuple s'épouvante et fuit de toutes parts.
Mon pére... ah ! quel courroux animoit ses regards !
Moïse à Pharaon parut moins formidable :
« Reine, sors, a-t-il dit, de ce lieu redoutable,
D'où te bannit ton sexe et ton impiété.
Viens-tu du Dieu vivant braver la majesté ? »
La reine alors, sur lui jetant un œil farouche,
Pour blasphémer sans doute ouvroit déjà la bouche:
J'ignore si de Dieu l'ange se dévoilant
Est venu lui montrer un glaive étincelant;
Mais sa langue en sa bouche à l'instant s'est glacée,
Et toute son audace a paru terrassée.

Ses yeux comme effrayés n'osoient se détourner :
Surtout Eliacin paroissoit l'étonner.
JOSABET.
Quoi donc! Eliacin a paru devant elle?
ZACHARIE.
Nous regardions tous deux cette reine cruelle,
Et d'une égale horreur nos cœurs étoient frappés :
Mais les prêtres bientôt nous ont enveloppés.
On nous a fait sortir. J'ignore tout le reste,
Et venois vous conter ce désordre funeste.
JOSABET.
Ah! de nos bras sans doute elle vient l'arracher,
Et c'est lui qu'à l'autel sa fureur vient chercher.
Peut-être en ce moment l'objet de tant de larmes...
Souviens-toi de David, Dieu, qui vois mes alarmes!
SALOMITH.
Quel est-il cet objet des pleurs que vous versez?
ZACHARIE.
Les jours d'Eliacin seroient-ils menacés?
SALOMITH.
Auroit-il de la reine attiré la colère?
ZACHARIE.
Que craint-on d'un enfant sans support et sans père?
JOSABET.
Ah! la voici, sortons : il la faut éviter.

SCÈNE III.

ATHALIE, AGAR, ABNER, SUITE D'ATHALIE.

AGAR.
Madame, dans ces lieux pourquoi vous arrêter?
Ici tous les objets vous blessent, vous irritent.
Abandonnez ce temple aux prêtres qui l'habitent:

Fuyez tout ce tumulte, et dans votre palais
A vos sens agités venez rendre la paix.
ATHALIE.
Non, je ne puis : tu vois mon trouble et ma foiblesse.
Va, fais dire à Mathan qu'il vienne, qu'il se presse.
Heureuse si je puis trouver par son secours
Cette paix que je cherche et qui me fuit toujours !
(Elle s'assied.)

SCÈNE IV.

ATHALIE, ABNER, SUITE D'ATHALIE.

ABNER.
Madame, pardonnez si j'ose le défendre :
Le zèle de Joad n'a point dû vous surprendre.
Du Dieu que nous servons tel est l'ordre éternel :
Lui-même il nous traça son temple et son autel,
Aux seuls enfans d'Aaron commit ses sacrifices,
Aux lévites marqua leur place et leurs offices,
Et surtout défendit à leur postérité
Avec tout autre dieu toute société.
Eh quoi ! vous de nos rois et la femme et la mère,
Etes-vous à ce point parmi nous étrangère ?
Ignorez-vous nos lois ? et faut-il qu'aujourd'hui...
Voici votre Mathan; je vous laisse avec lui.
ATHALIE.
Votre présence, Abner, est ici nécessaire.
Laissons là de Joad l'audace téméraire
Et tout ce vain amas de superstitions
Qui ferme votre temple aux autres nations :
Un sujet plus pressant excite mes alarmes.
Je sais que dès l'enfance élevé dans les armes
Abner a le cœur noble, et qu'il rend à la fois

Ce qu'il doit à son Dieu, ce qu'il doit à ses rois.
Demeurez.

SCÈNE V.

ATHALIE, MATHAN, ABNER, SUITE D'ATHALIE.

MATHAN.

Grande reine, est-ce ici votre place ?
Quel trouble vous agite et quel effroi vous glace ?
Parmi vos ennemis que venez-vous chercher ?
De ce temple profane osez-vous approcher ?
Avez-vous dépouillé cette haine si vive...

ATHALIE.

Prêtez-moi l'un et l'autre une oreille attentive.
Je ne veux point ici rappeler passé,
Ni vous rendre raison du sang que j'ai versé :
Ce que j'ai fait, Abner, j'ai cru le devoir faire.
Je ne prends point pour juge un peuple téméraire :
Quoi que son insolence ait osé publier,
Le ciel même a pris soin de me justifier.
Sur d'éclatans succès ma puissance établie
A fait jusqu'aux deux mers respecter Athalie :
Par moi Jérusalem goûte un calme profond,
Le Jourdain ne voit plus l'Arabe vagabond
Ni l'altier Philistin par d'éternels ravages,
Comme au temps de vos rois, désoler ses rivages ;
Le Syrien me traite et de reine et de sœur ;
Enfin de ma maison le perfide oppresseur,
Qui devoit jusqu'à moi pousser sa barbarie,
Jéhu, le fier Jéhu tremble dans Samarie,
De toutes parts pressé par un puissant voisin
Que j'ai su soulever contre cet assassin.
Il me laisse en ces lieux souveraine maîtresse.

Je jouissois en paix du fruit de ma sagesse :
Mais un trouble importun vient depuis quelques jours
De mes prospérités interrompre le cours.
Un songe (me devrois-je inquiéter d'un songe !)
Entretient dans mon cœur un chagrin qui le ronge :
Je l'évite partout, partout il me poursuit.
C'étoit pendant l'horreur d'une profonde nuit :
Ma mère Jézabel devant moi s'est montrée
Comme au jour de sa mort pompeusement parée.
Ses malheurs n'avoient point abattu sa fierté ;
Même elle avoit encor cet éclat emprunté
Dont elle eut soin de peindre et d'orner son visage
Pour réparer des ans l'irréparable outrage :
« Tremble, m'a-t-elle dit, fille digne de moi,
Le cruel dieu des Juifs l'emporte aussi sur toi.
Je te plains de tomber dans ses mains redoutables,
Ma fille. » En achevant ces mots épouvantables
Son ombre vers mon lit a paru se baisser ;
Et moi je lui tendois les mains pour l'embrasser,
Mais je n'ai plus trouvé qu'un horrible mélange
D'os et de chair meurtris et traînés dans la fange,
Des lambeaux pleins de sang et des membres affreux
Que des chiens dévorans se disputoient entre eux.

ABNER.

Grand Dieu !

ATHALIE.

Dans ce désordre à mes yeux se présente
Un jeune enfant couvert d'une robe éclatante,
Tel qu'on voit des Hébreux les prêtres revêtus.
Sa vue a ranimé mes esprits abattus :
Mais lorsque revenant de mon trouble funeste
J'admirois sa douceur, son air noble et modeste,
J'ai senti tout à coup un homicide acier
Que le traître en mon sein a plongé tout entier.
De tant d'objets divers le bizarre assemblage

Peut-être du hasard vous paroît un ouvrage ;
Moi-même quelque temps, honteuse de ma peur,
Je l'ai pris pour l'effet d'une sombre vapeur.
Mais de ce souvenir mon ame possédée
A deux fois en dormant revu la même idée ;
Deux fois mes tristes yeux se sont vu retracer
Ce même enfant toujours tout prêt à me percer.
Lasse enfin des horreurs dont j'étois poursuivie,
J'allois prier Baal de veiller sur ma vie,
Et chercher du repos au pied de ses autels.
Que ne peut la frayeur sur l'esprit des mortels !
Dans le temple des Juifs un instinct m'a poussée,
Et d'apaiser leur Dieu j'ai conçu la pensée.
J'ai cru que des présens calmeroient son courroux,
Que ce Dieu, quel qu'il soit, en deviendroit plus doux.
Pontife de Baal, excusez ma foiblesse.
J'entre : le peuple fuit, le sacrifice cesse ;
Le grand-prêtre vers moi s'élance avec fureur :
Pendant qu'il me parloit, ô surprise ! ô terreur !
J'ai vu ce même enfant dont je suis menacée,
Tel qu'un songe effrayant l'a peint à ma pensée.
Je l'ai vu ; son même air, son même habit de lin,
Sa démarche, ses yeux et tous ses traits enfin :
C'est lui-même. Il marchoit à côté du grand-prêtre :
Mais bientôt à ma vue on l'a fait disparoître.
Voilà quel trouble ici m'oblige à m'arrêter,
Et sur quoi j'ai voulu tous deux vous consulter.
Que présage, Mathan, ce prodige incroyable ?

MATHAN.

Ce songe et ce rapport, tout me semble effroyable...

ATHALIE.

Mais cet enfant fatal, Abner, vous l'avez vu :
Quel est-il ? de quel sang et de quelle tribu ?

ACTE II, SCÈNE V.

ABNER.

Deux enfans à l'autel prêtoient leur ministère :
L'un est fils de Joad, Josabet est sa mère ;
L'autre m'est inconnu.

MATHAN.
     Pourquoi délibérer ?
De tous les deux, madame, il se faut assurer.
Vous savez pour Joad mes égards, mes mesures,
Que je ne cherche point à venger mes injures,
Que la seule équité règne en tous mes avis :
Mais lui-même, après tout fût-ce son propre fils,
Voudroit-il un moment laisser vivre un coupable ?

ABNER.
De quel crime un enfant peut-il être capable ?

MATHAN.
Le ciel nous le fait voir un poignard à la main :
Le ciel est juste et sage, et ne fait rien en vain.
Que cherchez-vous de plus ?

ABNER.
      Mais sur la foi d'un songe
Dans le sang d'un enfant voulez-vous qu'on se plonge ?
Vous ne savez encor de quel père il est né,
Quel il est.

MATHAN.
   On le craint : tout est examiné.
A d'illustres parens s'il doit son origine,
La splendeur de son sort doit hâter sa ruine :
Dans le vulgaire obscur si le sort l'a placé,
Qu'importe qu'au hasard un sang vil soit versé ?
Est-ce aux rois à garder cette lente justice ?
Leur sûreté souvent dépend d'un prompt supplice.
N'allons point les gêner d'un soin embarrassant :
Dès qu'on leur est suspect on n'est plus innocent.

ABNER.

Eh quoi, Mathan ! d'un prêtre est-ce là le langage ?
Moi, nourri dans la guerre aux horreurs du carnage,
Des vengeances des rois ministre rigoureux,
C'est moi qui prête ici ma voix au malheureux !
Et vous qui lui devez des entrailles de père,
Vous ministre de paix dans les temps de colére,
Couvrant d'un zéle faux votre ressentiment,
Le sang à votre gré coule trop lentement !
Vous m'avez commandé de vous parler sans feinte,
Madame : quel est donc ce grand sujet de crainte ?
Un songe, un foible enfant, que votre œil prévenu
Peut-être sans raison croit avoir reconnu.

ATHALIE.

Je le veux croire, Abner, je puis m'être trompée :
Peut-être un songe vain m'a trop préoccupée.
Eh bien, il faut revoir cet enfant de plus près ;
Il en faut à loisir examiner les traits.
Qu'on les fasse tous deux paroître en ma présence.

ABNER.

Je crains...

ATHALIE.

Manqueroit-on pour moi de complaisance ?
De ce refus bizarre où seroient les raisons ?
Il pourroit me jeter en d'étranges soupçons.
Que Josabet, vous dis-je, ou Joad les amène.
Je puis quand je voudrai parler en souveraine.
Vos prêtres, je veux bien, Abner, vous l'avouer,
Des bontés d'Athalie ont lieu de se louer.
Je sais sur ma conduite et contre ma puissance
Jusqu'où de leurs discours ils portent la licence :
Ils vivent cependant, et leur temple est debout.
Mais je sens que bientôt ma douceur est à bout.
Que Joad mette un frein à son zéle sauvage,

Et ne m'irrite point par un second outrage.
Allez.

SCÈNE VI.

ATHALIE, MATHAN, SUITE D'ATHALIE.

MATHAN.
Enfin je puis parler en liberté ;
Je puis dans tout son jour mettre la vérité.
Quelque monstre naissant dans ce temple s'élève,
Reine : n'attendez pas que le nuage crève.
Abner chez le grand-prêtre a devancé le jour :
Pour le sang de ses rois vous savez son amour.
Et qui sait si Joad ne veut point en leur place
Substituer l'enfant dont le ciel vous menace,
Soit son fils, soit quelque autre ?

ATHALIE.
Oui, vous m'ouvrez les yeux ;
Je commence à voir clair dans cet avis des cieux.
Mais je veux de mon doute être débarrassée :
Un enfant est peu propre à trahir sa pensée ;
Souvent d'un grand dessein un mot nous fait juger.
Laissez-moi, cher Mathan, le voir, l'interroger.
Vous cependant allez, et sans jeter d'alarmes
A tous mes Tyriens faites prendre les armes.

SCÈNE VII.

JOAS, JOSABET, ATHALIE, ZACHARIE, ABNER, SALOMITH, DEUX LÉVITES, LE CHOEUR, SUITE D'ATHALIE.

OSABET aux deux lévites.
O vous, sur ces enfans si chers, si précieux,

Ministres du Seigneur, ayez toujours les yeux.
ABNER à Josabet.
Princesse, assurez-vous, je les prends sous ma garde.
ATHALIE.
Oh ciel! plus j'examine et plus je le regarde...
C'est lui! D'horreur encor tous mes sens sont saisis.
(Montrant Joas.)
Epouse de Joad, est-ce là votre fils?
JOSABET.
Qui? lui, madame?
ATHALIE.
      Lui.
JOSABET.
           Je ne suis point sa mère.
(Montrant Zacharie.)
Voilà mon fils.
ATHALIE à Joas.
        Et vous, quel est donc votre père?
Jeune enfant, répondez.
JOSABET.
        Le ciel jusqu'aujourd'hui...
ATHALIE à Josabet.
Pourquoi vous pressez-vous de répondre pour lui?
C'est à lui de parler.
JOSABET.
       Dans un âge si tendre
Quel éclaircissement en pouvez-vous attendre?
ATHALIE.
Cet âge est innocent; son ingénuité
N'altère point encor la simple vérité.
Laissez-le s'expliquer sur tout ce qui le touche.
JOSABET à part.
Daigne mettre, grand Dieu, ta sagesse en sa bouche!

ACTE II, SCÈNE VII.

ATHALIE.
Comment vous nommez-vous ?
JOAS.
J'ai nom Eliacin.
ATHALIE.
Votre père ?
JOAS.
Je suis, dit-on, un orphelin
Entre les bras de Dieu jeté dès ma naissance,
Et qui de mes parens n'eus jamais connoissance.
ATHALIE.
Vous êtes sans parens ?
JOAS.
Ils m'ont abandonné.
ATHALIE.
Comment, et depuis quand ?
JOAS.
Depuis que je suis né.
ATHALIE.
Ne sait-on pas au moins quel pays est le vôtre ?
JOAS.
Ce temple est mon pays, je n'en connois point d'autre.
ATHALIE.
Où dit-on que le sort vous a fait rencontrer ?
JOAS.
Parmi des loups cruels prêts à me dévorer.
ATHALIE.
Qui vous mit dans ce temple ?
JOAS.
Une femme inconnue,
Qui ne dit point son nom, et qu'on n'a point revue.
ATHALIE.
Mais de vos premiers ans quelles mains ont pris soin?

JOAS.

Dieu laissa-t-il jamais ses enfans au besoin ?
Aux petits des oiseaux il donne leur pâture,
Et sa bonté s'étend sur toute la nature.
Tous les jours je l'invoque, et d'un soin paternel
Il me nourrit des dons offerts sur son autel.

ATHALIE.

Quel prodige nouveau me trouble et m'embarrasse !
La douceur de sa voix, son enfance, sa grâce
Font insensiblement à mon inimitié
Succéder... Je serois sensible à la pitié !

ABNER.

Madame, voilà donc cet ennemi terrible ?
De vos songes menteurs l'imposture est visible ;
A moins que la pitié qui semble vous troubler
Ne soit ce coup fatal qui vous faisoit trembler.

ATHALIE à Joas et à Josabet.

Vous, sortez ?

JOSABET.

Vous avez entendu sa fortune :
Sa présence à la fin pourroit être importune.

ATHALIE.

Non : revenez. Quel est tous les jours votre emploi ?

JOAS.

J'adore le Seigneur ; on m'explique sa loi,
Dans son livre divin on m'apprend à la lire,
Et déjà de ma main je commence à l'écrire.

ATHALIE.

Que vous dit cette loi ?

JOAS.

Que Dieu veut être aimé ;
Qu'il venge tôt ou tard son saint nom blasphémé ;
Qu'il est le défenseur de l'orphelin timide ;
Qu'il résiste au superbe, et punit l'homicide,

ACTE II, SCÈNE VII.   153

ATHALIE.

J'entends. Mais tout ce peuple enfermé dans ce lieu
A quoi s'occupe-t-il?

JOAS.

Il loue, il bénit Dieu.

ATHALIE.

Dieu veut-il qu'à toute heure on prie, on le contemple?

JOAS.

Tout profane exercice est banni de son temple.

ATHALIE.

Quels sont donc vos plaisirs?

JOAS.

Quelquefois à l'autel
Je présente au grand-prêtre ou l'encens ou le sel :
J'entends chanter de Dieu les grandeurs infinies,
Je vois l'ordre pompeux de ses cérémonies.

ATHALIE.

Et quoi! vous n'avez point de passetemps plus doux?
Je plains le triste sort d'un enfant tel que vous.
Venez dans mon palais, vous y verrez ma gloire.

JOAS.

Moi, des bienfaits de Dieu je perdrois la mémoire!

ATHALIE.

Non, je ne vous veux pas contraindre à l'oublier.

JOAS.

Vous ne le priez point.

ATHALIE.

Vous pourrez le prier.

JOAS.

Je verrois cependant en invoquer un autre.

ATHALIE.

J'ai mon Dieu que je sers, vous servirez le vôtre :
Ce sont deux puissans dieux.

ATHALIE.
JOAS.
Il faut craindre le mien :
Lui seul est Dieu, madame, et le vôtre n'est rien.
ATHALIE.
Les plaisirs près de moi vous chercheront en foule.
JOAS.
Le bonheur des méchans comme un torrent s'écoule.
ATHALIE.
Ces méchans, qui sont-ils ?
JOSABET.
Eh ! madame, excusez
Un enfant...
ATHALIE à Josabet.
J'aime à voir comme vous l'instruisez.
Enfin, Eliacin, vous avez su me plaire ;
Vous n'êtes point sans doute un enfant ordinaire.
Vous voyez, je suis reine, et n'ai point d'héritier ;
Laissez là cet habit, quittez ce vil métier :
Je veux vous faire part de toutes mes richesses.
Essayez dès ce jour l'effet de mes promesses :
A ma table, partout à mes côtés assis,
Je prétends vous traiter comme mon propre fils.
JOAS.
Comme votre fils !
ATHALIE.
Oui... Vous vous taisez ?
JOAS.
Quel père
Je quitterois ! et pour...
ATHALIE.
Eh bien ?
JOAS.
Pour quelle mère !
ATHALIE à Josabet.
Sa mémoire est fidèle, et dans tout ce qu'il dit

De vous et de Joad je reconnois l'esprit.
Voilà comme infectant cette simple jeunesse
Vous employez tous deux le calme où je vous laisse.
Vous cultivez déjà leur haine et leur fureur :
Vous ne leur prononcez mon nom qu'avec horreur.
JOSABET.
Peut-on de nos malheurs leur dérober l'histoire ?
Tout l'univers les sait, vous-même en faites gloire.
ATHALIE.
Oui, ma juste fureur, et j'en fais vanité,
A vengé mes parens sur ma postérité.
J'aurois vu massacrer et mon père et mon frère,
Du haut de son palais précipiter ma mère,
Et dans un même jour égorger à la fois
(Quel spectacle d'horreur !) quatre-vingts fils de rois;
Et pourquoi? pour venger je ne sais quels prophètes
Dont elle avoit puni les fureurs indiscrètes :
Et moi, reine sans cœur, fille sans amitié,
Esclave d'une lâche et frivole pitié,
Je n'aurois pas du moins à cette aveugle rage
Rendu meurtre pour meurtre, outrage pour outrage,
Et de votre David traité tous les neveux
Comme on traitoit d'Achab les restes malheureux !
Où serois-je aujourd'hui si domptant ma foiblesse
Je n'eusse d'une mère étouffé la tendresse ;
Si de mon propre sang ma main versant des flots
N'eût par ce coup hardi réprimé vos complots ?
Enfin de votre Dieu l'implacable vengeance
Entre nos deux maisons rompit toute alliance :
David m'est en horreur, et les fils de ce roi,
Quoique nés de mon sang, sont étrangers pour moi.
JOSABET.
Tout vous a réussi. Que Dieu voie et nous juge.

ATHALIE.

Ce Dieu, depuis long-temps votre unique refuge,
Que deviendra l'effet de ses prédictions?
Qu'il vous donne ce roi promis aux nations,
Cet enfant de David, votre espoir, votre attente...
Mais nous nous reverrons. Adieu. Je sors contente.
J'ai voulu voir; j'ai vu.

ABNER à Josabet.

Je vous l'avois promis;
Je vous rends le dépôt que vous m'avez commis.

SCÈNE VIII.

JOAD, JOSABET, JOAS, ZACHARIE, ABNER, SALOMITH, LÉVITES, LE CHOEUR.

JOSABET à Joad.

Avez-vous entendu cette superbe reine,
Seigneur?

JOAD.

J'entendois tout, et plaignois votre peine.
Ces lévites et moi, prêts à vous secourir,
Nous étions avec vous résolus de périr.

(A Joas en l'embrassant.)

Que Dieu veille sur vous, enfant dont le courage
Vient de rendre à son nom ce noble témoignage!
Je reconnois, Abner, ce service important:
Souvenez-vous de l'heure où Joad vous attend.
Et nous dont cette femme impie et meurtrière
A souillé les regards et troublé la prière,
Rentrons, et qu'un sang pur par mes mains épanché
Lave jusques au marbre où ses pas ont touché.

SCÈNE IX.

LE CHOEUR.

UNE DES FILLES DU CHOEUR.

Quel astre à nos yeux vient de luire ?
Quel sera quelque jour cet enfant merveilleux ?
  Il brave le faste orgueilleux,
  Et ne se laisse point séduire
  A tous ses attraits merveilleux.

UNE AUTRE.

Pendant que du dieu d'Athalie
Chacun court encenser l'autel,
Un enfant courageux publie
Que Dieu lui seul est éternel,
Et parle comme un autre Elie
Devant cette autre Jézabel.

UNE AUTRE.

Qui nous révélera ta naissance secrète,
Cher enfant ? Es-tu fils de quelque saint prophète ?

UNE AUTRE.

  Ainsi l'on vit l'aimable Samuel
    Croître à l'ombre du tabernacle :
Il devint des Hébreux l'espérance et l'oracle.
Puisses-tu comme lui consoler Israel !

UNE AUTRE chante.

  O bienheureux mille fois
    L'enfant que le Seigneur aime,
  Qui de bonne heure entend sa voix,
  Et que ce Dieu daigne instruire lui-même !
Loin du monde élevé, de tous les dons des cieux
    Il est orné dès sa naissance ;
  Et du méchant l'abord contagieux

N'altère point son innocence.
TOUT LE CHOEUR.
Heureuse, heureuse l'enfance
Que le Seigneur instruit et prend sous sa défense !
LA MÊME VOIX seule.
Tel en un secret vallon,
Sur le bord d'une onde pure,
Croît à l'abri de l'aquilon
Un jeune lis, l'amour de la nature;
Loin du monde élevé, de tous les dons des cieux
Il est orné dès sa naissance !
Et du méchant l'abord contagieux
N'altère point son innocence.
TOUT LE CHOEUR.
Heureux, heureux mille fois
L'enfant que le Seigneur rend docile à ses lois !
UNE VOIX seule.
Mon Dieu, qu'une vertu naissante
Parmi tant de périls marche à pas incertains !
Qu'une ame qui te cherche et veut être innocente
Trouve d'obstacle à ses desseins !
Que d'ennemis lui font la guerre !
Où se peuvent cacher tes saints ?
Les pécheurs couvrent la terre.
UNE AUTRE.
O palais de David, et sa chère cité,
Mont fameux que Dieu même a long-temps habité,
Comment as-tu du ciel attiré la colère ?
Sion, chère Sion, que dis-tu quand tu vois
Un impie étrangère
Assise, hélas ! au trône de tes rois ?
TOUT LE CHOEUR.
Sion, chère Sion, que dis-tu quand tu vois
Une impie étrangère

ACTE II, SCÈNE IX.

Assise, hélas! au trône de tes rois?
LA MÊME VOIX continue.

Au lieu des cantiques charmans
Où David t'exprimoit ses saints ravissemens,
Et bénissoit son Dieu, son seigneur et son père;
Sion, chère Sion, que dis-tu quand tu vois
  Louer le dieu de l'impie étrangère
Et blasphémer le nom qu'ont adoré tes rois?
UNE VOIX seule.

Combien de temps, Seigneur, combien de temps encore
Verrons-nous contre toi les méchans s'élever?
Jusque dans ton saint temple ils viennent te braver:
Ils traitent d'insensé le peuple qui t'adore.
Combien de temps, Seigneur, combien de temps encore
Verrons-nous contre toi les méchans s'élever?
UNE AUTRE.

Que vous sert, disent-ils, cette vertu sauvage?
  De tant de plaisirs si doux
  Pourquoi fuyez-vous l'usage?
 Votre Dieu ne fait rien pour vous.
UNE AUTRE.

Rions, chantons, dit cette troupe impie;
De fleurs en fleurs, de plaisirs en plaisirs,
  Promenons nos désirs.
 Sur l'avenir insensé qui se fie.
De nos ans passagers le nombre est incertain;
Hâtons-nous aujourd'hui de jouir de la vie:
 Qui sait si nous serons demain?
TOUT LE CHOEUR.

Qu'ils pleurent, ô mon Dieu, qu'ils frémissent de crainte
 Ces malheureux qui de ta cité sainte
 Ne verront point l'éternelle splendeur.
C'est à nous de chanter, nous à qui tu révèles
  Tes clartés immortelles,

C'est à nous de chanter tes dons et ta grandeur.
UNE VOIX seule.
De tous ces vains plaisirs où leur ame se plonge
Que leur restera-t-il? ce qui reste d'un songe
Dont on a reconnu l'erreur.
A leur réveil, (ô réveil plein d'horreur !)
Pendant que le pauvre à ta table
Goûtera de ta paix la douceur ineffable,
Ils boiront dans la coupe affreuse, inépuisable
Que tu présenteras au jour de ta fureur
A toute la race coupable.
TOUT LE CHOEUR.
O réveil plein d'horreur !
O songe peu durable !
O dangereuse erreur !

ACTE TROISIÈME.

SCÈNE I.

MATHAN, NABAL, LE CHOEUR.

MATHAN.
Jeunes filles, allez. Qu'on dise à Josabet
Que Mathan veut ici lui parler en secret.
UNE DES FILLES DU CHOEUR.
Mathan ! O Dieu du ciel, puisses-tu le confondre !
NABAL.
Eh quoi ! tout se disperse et fuit sans vous répondre.
MATHAN.
Approchons.

SCÈNE II.

ZACHARIE, MATHAN, NABAL.

ZACHARIE.
Téméraire, où voulez-vous passer ?
Au-delà de ce lieu gardez-vous d'avancer :
C'est des ministres saints la demeure sacrée :
Les lois à tout profane en défendent l'entrée.
Qui cherchez-vous ? Mon père en ce jour solennel
De l'idolâtre impur fuit l'aspect criminel ;
Et devant le Seigneur maintenant prosternée
Ma mère en ce devoir craint d'être détournée.
MATHAN.
Mon fils, nous attendrons; cessez de vous troubler.

C'est votre illustre mére à qui je veux parler :
Je viens ici chargé d'un ordre de la reine.

SCÈNE III.
MATHAN, NABAL.

NABAL.

Leurs enfans ont déjà leur audace hautaine.
Mais que veut Athalie en cette occasion ?
D'où naît dans ses conseils cette confusion ?
Par l'insolent Joad ce matin offensée,
Et d'un enfant fatal en songe menacée,
Elle alloit immoler Joad à son courroux,
Et dans ce temple enfin placer Baal et vous.
Vous m'en aviez déjà confié votre joie,
Et j'espérois ma part d'une si riche proie.
Qui fait changer ainsi ses vœux irrésolus?

MATHAN.

Ami, depuis deux jours je ne la connois plus.
Ce n'est plus cette reine éclairée, intrépide,
Elevée au dessus de son sexe timide,
Qui d'abord accabloit ses ennemis surpris,
Et d'un instant perdu connoissoit tout le prix :
La peur d'un vain remords trouble cette grande ame :
Elle flotte, elle hésite ; en un mot, elle est femme.
J'avois tantôt rempli d'amertume et de fiel
Son cœur déjà saisi des menaces du ciel ;
Elle-même, à mes soins confiant sa vengeance,
M'avoit dit d'assembler sa garde en diligence :
Mais, soit que cet enfant devant elle amené,
De ses parens, dit-on, rebut infortuné,
Eût d'un songe effrayant diminué l'alarme,
Soit qu'elle eût même en lui vu je ne sais quel charme,
J'ai trouvé son courroux chancelant, incertain,

ACTE III, SCÈNE III.

Et déjà remettant sa vengeance à demain.
Tous ses projets sembloient l'un l'autre se détruire.
« Du sort de cet enfant je me suis fait instruire,
Ai-je dit; on commence à vanter ses aïeux :
Joad de temps en temps le montre aux factieux,
Le fait attendre aux Juifs comme un autre Moïse,
Et d'oracles menteurs s'appuie et s'autorise. »
Ces mots ont fait monter la rougeur sur son front.
Jamais mensonge heureux n'eut un effet si prompt.
« Est-ce à moi de languir dans cette incertitude ?
Sortons, a-t-elle dit, sortons d'inquiétude.
Vous-même à Josabet prononcez cet arrêt :
Les feux vont s'allumer, et le fer est tout prêt ;
Rien ne peut de leur temple empêcher le ravage
Si je n'ai de leur foi cet enfant pour otage. »

NABAL.

Eh bien, pour un enfant qu'ils ne connoissent pas,
Que le hasard peut-être a jeté dans leurs bras,
Voudront-ils que leur temple enseveli sous l'herbe...

MATHAN.

Ah ! de tous les mortels connois le plus superbe.
Plutôt que dans mes mains par Joad soit livré
Un enfant qu'à son Dieu Joad a consacré,
Tu lui verras subir la mort la plus terrible.
D'ailleurs pour cet enfant leur attache est visible.
Si j'ai bien de la reine entendu le récit,
Joad sur sa naissance en sait plus qu'il ne dit.
Quel qu'il soit, je prévois qu'il leur sera funeste :
Ils le refuseront ; je prends sur moi le reste,
Et j'espère qu'enfin de ce temple odieux
Et la flamme et le fer vont délivrer mes yeux.

NABAL.

Qui peut vous inspirer une haine si forte ?
Est-ce que de Baal le zèle vous transporte ?

Pour moi, vous le savez, descendu d'Ismael
Je ne sers ni Baal ni le Dieu d'Israel.

MATHAN.

Ami, peux-tu penser que d'un zèle frivole
Je me laisse aveugler pour une vaine idole,
Pour un fragile bois, que malgré mon secours
Les vers sur son autel consument tous les jours?
Né ministre du Dieu qu'en ce temple on adore,
Peut-être que Mathan le serviroit encore
Si l'amour des grandeurs, la soif de commander,
Avec son joug étroit pouvoient s'accommoder.
Qu'est-il besoin, Nabal, qu'à tes yeux je rappelle
De Joad et de moi la fameuse querelle
Quand j'osai contre lui disputer l'encensoir,
Mes brigues, mes combats, mes pleurs, mon désespoir?
Vaincu par lui, j'entrai dans une autre carrière,
Et mon ame à la cour s'attacha tout entière.
J'approchai par degrés de l'oreille des rois;
Et bientôt en oracle on érigea ma voix.
J'étudiai leur cœur, je flattai leurs caprices,
Je leur semai de fleurs le bord des précipices :
Près de leurs passions rien ne me fut sacré ;
De mesure et de poids je changeois à leur gré.
Autant que de Joad l'inflexible rudesse
De leur superbe oreille offensoit la mollesse,
Autant je les charmois par ma dextérité,
Dérobant à leurs yeux la triste vérité,
Prêtant à leur fureur des couleurs favorables,
Et prodigue surtout du sang des misérables.
Enfin au dieu nouveau qu'elle avoit introduit
Par les mains d'Athalie un temple fut construit.
Jérusalem pleura de se voir profanée ;
Des enfans de Lévi la troupe consternée
En poussa vers le ciel des hurlemens affreux.
Moi seul donnant l'exemple aux timides Hébreux,

Déserteur de leur loi, j'approuvai l'entreprise,
Et par là de Baal méritai la prêtrise ;
Par là je me rendis terrible à mon rival,
Je ceignis la tiare, et marchai son égal.
Toutefois, je l'avoue, en ce comble de gloire,
Du Dieu que j'ai quitté l'importune mémoire
Jette encore en mon ame un reste de terreur ;
Et c'est ce qui redouble et nourrit ma fureur.
Heureux si, sur son temple achevant ma vengeance,
Je puis convaincre enfin sa haine d'impuissance,
Et parmi le débris, le ravage et les morts
A force d'attentats perdre tous mes remords !
Mais voici Josabet.

SCÈNE IV.

JOSABET, MATHAN, NABAL.

MATHAN.
Envoyé par la reine
Pour rétablir le calme et dissiper la haine,
Princesse, en qui le ciel mit un esprit si doux,
Ne vous étonnez pas si je m'adresse à vous.
Un bruit que j'ai pourtant soupçonné de mensonge,
Appuyant les avis qu'elle a reçus en songe,
Sur Joad, accusé de dangereux complots,
Alloit de sa colère attirer tous les flots.
Je ne veux point ici vous vanter mes services :
De Joad contre moi je sais les injustices ;
Mais il faut à l'offense opposer les bienfaits.
Enfin je viens chargé de paroles de paix.
Vivez, solennisez vos fêtes sans ombrage.
De votre obéissance elle ne veut qu'un gage :
C'est (pour l'en détourner j'ai fait ce que j'ai pu)

Cet enfant sans parens qu'elle dit qu'elle a vu.
JOSABET.
Eliacin?
MATHAN.
J'en ai pour elle quelque honte :
D'un vain songe peut-être elle fait trop de compte.
Mais vous vous déclarez ses mortels ennemis
Si cet enfant sur l'heure en mes mains n'est remis.
La reine impatiente attend votre réponse.
JOSABET.
Et voilà de sa part la paix qu'on nous annonce!
MATHAN.
Pourriez-vous un moment douter de l'accepter?
D'un peu de complaisance est-ce trop l'acheter?
JOSABET.
J'admirois si Mathan, dépouillant l'artifice,
Avoit pu de son cœur surmonter l'injustice,
Et si de tant de maux le funeste inventeur
De quelque ombre de bien pouvoit être l'auteur.
MATHAN.
De quoi vous plaignez-vous? Vient-on avec furie
Arracher de vos bras votre fils Zacharie?
Quel est cet autre enfant si cher à votre amour?
Ce grand attachement me surprend à mon tour.
Est-ce un trésor pour vous si précieux, si rare?
Est-ce un libérateur que le ciel vous prépare?
Songez-y, vos refus pourroient me confirmer
Un bruit sourd que déjà l'on commence à semer.
JOSABET.
Quel bruit?
MATHAN.
Que cet enfant vient d'illustre origine;
Qu'à quelque grand projet votre époux le destine.

ACTE III, SCÈNE V. 167

JOSABET.

Et Mathan, par ce bruit qui flatte sa fureur...

MATHAN.

Princesse, c'est à vous de me tirer d'erreur.
Je sais que, du mensonge implacable ennemie,
Josabet livreroit même sa propre vie
S'il falloit que sa vie à sa sincérité
Coutât le moindre mot contre la vérité.
Du sort de cet enfant on n'a donc nulle trace?
Une profonde nuit enveloppe sa race?
Et vous-même ignorez de quels parens issu,
De quelles mains Joad en ses bras l'a reçu?
Parlez, je vous écoute et suis prêt de vous croire.
Au Dieu que vous servez, princesse, rendez gloire

JOSABET.

Méchant, c'est bien à vous d'oser ainsi nommer
Un Dieu que votre bouche enseigne à blasphémer!
Sa vérité par vous peut-elle être attestée,
Vous, malheureux, assis dans la chaire empestée
Où le mensonge règne et répand son poison;
Vous, nourri dans la fourbe et dans la trahison?

SCÈNE V.

JOAD, JOSABET, MATHAN, NABAL.

JOAD.

Où suis-je? de Baal ne vois-je pas le prêtre?
Quoi! fille de David, vous parlez à ce traître?
Vous souffrez qu'il vous parle? et vous ne craignez pas
Que du fond de l'abîme entr'ouvert sous ses pas
Il ne sorte à l'instant des feux qui vous embrasent,
Ou qu'en tombant sur lui ces murs ne vous écrasent?
Que veut-il? De quel front cet ennemi de Dieu

Vient-il infecter l'air qu'on respire en ce lieu?

MATHAN.

On reconnoît Joad à cette violence.
Toutefois il devroit montrer plus de prudence,
Respecter une reine, et ne pas outrager
Celui que de son ordre elle a daigné charger.

JOAD.

Eh bien! que nous fait-elle annoncer de sinistre?
Quel sera l'ordre affreux qu'apporte un tel ministre?

MATHAN.

J'ai fait à Josabet savoir sa volonté.

JOAD.

Sors donc de devant moi, monstre d'impiété.
De toutes tes horreurs, va, comble la mesure.
Dieu s'apprête à te joindre à la race parjure,
Abiron et Dathan, Doeg, Achitophel :
Les chiens à qui son bras a livré Jézabel,
Attendant que sur toi sa fureur se déploie,
Déjà sont à ta porte, et demandent leur proie.

MATHAN troublé.

Avant la fin du jour... on verra qui de nous...
Doit... Mais sortons, Nabal.

NABAL.

Où vous égarez-vous?
De vos sens étonnés quel désordre s'empare?
Voilà votre chemin.

SCÈNE VI.

JOAD, JOSABET.

JOSABET.

L'orage se déclare:

ACTE III, SCÈNE VI.

Athalie en fureur demande Eliacin.
Déjà de sa naissance et de votre dessein
On commence, seigneur, à percer le mystère :
Peu s'en faut que Mathan ne m'ait nommé son père.

JOAD.

Au perfide Mathan qui l'auroit révélé ?
Votre trouble à Mathan n'a-t-il point trop parlé ?

JOSABET.

J'ai fait ce que j'ai pu pour m'en rendre maîtresse.
Cependant croyez-moi, seigneur, le péril presse.
Réservons cet enfant pour un temps plus heureux.
Tandis que les méchans délibèrent entre eux,
Avant qu'on l'environne, avant qu'on nous l'arrache,
Une seconde fois souffrez que je le cache ;
Les portes, les chemins lui sont encore ouverts.
Faut-il le transporter aux plus affreux déserts ?
Je suis prête ; je sais une secrète issue
Par où, sans qu'on le voie et sans être aperçue,
De Cédron avec lui traversant le torrent,
J'irai dans le désert où jadis en pleurant,
Et cherchant comme nous son salut dans la fuite,
David d'un fils rebelle évita poursuite.
Je craindrai moins pour lui les lions et les ours...
Mais pourquoi de Jéhu refuser le secours ?
Je vous ouvre peut-être un avis salutaire.
Faisons de ce trésor Jéhu dépositaire :
On peut dans ses états le conduire aujourd'hui,
Et le chemin est court qui mène jusqu'à lui.
Jéhu n'a point un cœur farouche, inexorable ;
De David à ses yeux le nom est favorable.
Hélas! est-il un roi si dur et si cruel,
A moins qu'il n'eût pour mère une autre Jézabel,
Qui d'un tel suppliant ne plaignît l'infortune ?
Sa cause à tous les rois n'est-elle pas commune ?

JOAD.

Quels timides conseils m'osez-vous suggérer !
En l'appui de Jéhu pourriez-vous espérer ?

JOSABET.

Dieu défend-il tout soin et toute prévoyance ?
Ne l'offense-t-on point par trop de confiance ?
A ses desseins sacrés employant les humains,
N'a-t-il pas de Jéhu lui-même armé les mains ?

JOAD.

Jéhu, qu'avoit choisi sa sagesse profonde,
Jéhu, sur qui je vois que votre espoir se fonde,
D'un oubli trop ingrat a payé ses bienfaits :
Jéhu laisse d'Achab l'affreuse fille en paix,
Suit des rois d'Israel les profanes exemples,
Du vil dieu de l'Egypte a conservé les temples ;
Jéhu, sur les hauts lieux enfin osant offrir
Un téméraire encens que Dieu ne peut souffrir,
N'a pour servir sa cause et venger ses injures
Ni le cœur assez droit ni les mains assez pures.
Non, non ; c'est à Dieu seul qu'il nous faut attacher.
Montrons Eliacin : et, loin de le cacher,
Que du bandeau royal sa tête soit ornée :
Je veux même avancer l'heure déterminée
Avant que de Mathan le complot soit formé.

SCÈNE VII.

JOAD, JOSABET, AZARIAS, SUIVI DU CHOEUR
ET DE PLUSIEURS LÉVITES.

JOAD.

Eh bien, Azarias, le temple est-il fermé ?

AZARIAS.

J'en ai fait devant moi fermer toutes les portes.

ACTE III, SCÈNE VII.

JOAD.

N'y reste-il que vous et vos saintes cohortes ?

AZARIAS.

De ses parvis sacrés j'ai deux fois fait le tour.
Tout a fui : tous se sont séparés sans retour,
Misérable troupeau qu'a dispersé la crainte :
Et Dieu n'est plus servi que dans la tribu sainte.
Depuis qu'à Pharaon ce peuple est échappé
Une égale terreur ne l'avoit point frappé.

JOAD.

Peuple lâche en effet, et né pour l'esclavage,
Hardi contre Dieu seul ! Poursuivons notre ouvrage.
Mais qui retient encor ces enfans parmi nous ?

UNE DES FILLES DU CHOEUR.

Eh ! pourrions-nous, seigneur, nous séparer de vous ?
Dans le temple de Dieu sommes-nous étrangères ?
Vous avez près de vous nos pères et nos frères.

UNE AUTRE.

Hélas ! si pour venger l'opprobre d'Israel
Nos mains ne peuvent pas, comme autrefois Jahel, (1)
Des ennemis de Dieu percer la tête impie,
Nous lui pouvons du moins immoler notre vie.
Quand vos bras combattront pour son peuple attaqué
Par nos larmes du moins il peut être invoqué.

JOAD.

Voilà donc quels vengeurs s'arment pour ta querelle,
Des prêtres, des enfans, ô sagesse éternelle !
Mais si tu les soutiens qui peut les ébranler ?
Du tombeau, quand tu veux, tu sais nous rappeler ;
Tu frappes et guéris, tu perds et ressuscites,
Ils ne s'assurent point en leurs propres mérites,
Mais en ton nom sur eux invoqué tant de fois,

---

(1) Juges, ch. 4.

En tes sermens jurés au plus saint de leurs rois,
En ce temple où tu fais ta demeure sacrée,
Et qui doit du soleil égaler la durée.
Mais d'où vient que mon cœur frémit d'un saint effroi?
Est-ce l'esprit divin qui s'empare de moi?
C'est lui-même: il m'échauffe; il parle; mes yeux s'ouvrent,
Et les siècles obscurs devant moi se découvrent.
Lévites, de vos sons prêtez-moi les accords,
Et de ses mouvemens secondez les transports.

LE CHOEUR chante au son de toute la symphonie des instrumens.

   Que du Seigneur la voix se fasse entendre,
    Et qu'à nos cœurs son oracle divin
      Soit ce qu'à l'herbe tendre
   Est au printemps la fraîcheur du matin.

JOAD.

Cieux, écoutez ma voix. Terre, prête l'oreille.
Ne dis plus, ô Jacob, que ton Seigneur sommeille.
Pécheurs, disparoissez; le Seigneur se réveille.

(Ici recommence la symphonie, et Joad aussitôt reprend la parole.)

Comment en un plomb vil l'or pur (1) s'est-il changé?
Quel est dans ce lieu saint ce pontife (2) égorgé?....
Pleure, Jérusalem, pleure, cité perfide,
Des prophètes divins malheureuse homicide:
De son amour pour toi ton Dieu s'est dépouillé;
Ton encens à ses yeux est un encens souillé...
   Où menez-vous ces enfans et ces femmes? (3)
Le Seigneur a détruit la reine des cités:
Ses prêtres sont captifs, ses rois sont rejetés.
Dieu ne veut plus qu'on vienne à ses solennités.
Temple, renverse-toi. Cèdres, jetez des flammes.
   Jérusalem, objet de ma douleur,

(1) Joas.
(2) Zacharie.
(3) Captivité de Babylone.

ACTE III, SCÈNE VII.

Quelle main en un jour t'a ravi tous tes charmes ?
Qui changera mes yeux en deux sources de larmes
    Pour pleurer ton malheur.

AZARIAS

O saint temple !

JOSABET.

O David !

LE CHOEUR.

          Dieu de Sion, rappelle,
Rappelle en sa faveur tes antiques bontés.

La symphonie recommence encore, et Joad un moment après l'interrompt.

JOAD.

Quelle Jérusalem nouvelle
Sort du fond du désert brillante de clartés,
Et porte sur le front une marque immortelle ?
    Peuples de la terre, chantez.
Jérusalem renaît (1) plus charmante et plus belle :
    D'où lui viennent de tous côtés
Ces enfans (2) qu'en son sein elle n'a point portés ?
Lève, Jérusalem, lève ta tête altière ;
Regarde tous ces rois de ta gloire étonnés :
Les rois des nations, devant toi prosternés,
    De tes pieds baisent la poussière :
Les peuples à l'envi marchent à la lumière.
Heureux qui pour Sion d'une sainte ferveur
    Sentira son âme embrasée !
    Cieux répandez votre rosée,
Et que la terre enfante son sauveur !

JOSABET.

Hélas ! d'où nous viendra cette insigne faveur
Si les rois de qui doit descendre ce sauveur...

(1) L'Eglise.
(2) Les Gentils.

JOAD.

Préparez, Josabet, le riche diadème
Que sur son front sacré David porta lui-même.
      (Aux Lévites.)

Et vous, pour vous armer suivez-moi dans ces lieux
Où se garde caché, loin des profanes yeux,
Ce formidable amas de lances et d'épées
Qui du sang philistin jadis furent trempées,
Et que David vainqueur, d'ans et d'honneurs chargé,
Fit consacrer au Dieu qui l'avoit protégé.
Peut-on les employer pour un plus noble usage?
Venez, je veux moi-même en faire le partage.

SCÈNE VIII.

SALOMITH, LE CHOEUR.

SALOMITH.

Que de craintes, mes sœurs, que de troubles mortels!
    Dieu tout puissant, sont-ce là les prémices,
      Les parfums et les sacrifices
Qu'on devoit en ce jour offrir sur tes autels?

UNE DES FILLES DU CHOEUR.

    Quel spectacle à nos yeux timides!
    Qui l'eût cru qu'on dût voir jamais
Les glaives meurtriers, les lances homicides
    Briller dans la maison de paix?

UNE AUTRE.

D'où vient que pour son Dieu pleine d'indifférence
Jérusalem se tait en ce pressant danger?
    D'où vient, mes sœurs, que pour nous protéger
Le brave Abner au moins ne rompt pas le silence?

SALOMITH.

Hélas! dans une cour où l'on n'a d'autres lois

ACTE III, SCÈNE VIII.

Que la force et la violence,
Où les honneurs et les emplois
Sont le prix d'une aveugle et basse obéissance,
Ma sœur, pour la triste innocence
Qui voudroit élever sa voix ?

UNE AUTRE.

Dans ce péril, dans ce désordre extrême,
Pour qui prépare-t-on le sacré diadème ?

SALOMITH.

Le Seigneur a daigné parler ;
Mais ce qu'à son prophète il vient de révéler
Qui pourra nous le faire entendre ?
S'arme-t-il pour nous défendre ?
S'arme-t-il pour nous accabler ?

TOUT LE CHOEUR chante.

O promesse ! ô menace ! ô ténébreux mystère !
Que de maux, que de biens sont prédits tour à tour !
Comment peut-on avec tant de colère
Accorder tant d'amour ?

UNE VOIX seule.

Sion ne sera plus ; une flamme cruelle
Détruira tous ses ornemens.

UNE AUTRE VOIX.

Dieu protège Sion ; elle a pour fondemens
Sa parole éternelle.

LA PREMIÈRE.

Je vois tout son éclat disparoître à mes yeux.

LA SECONDE.

Je vois de toutes parts sa clarté répandue.

LA PREMIÈRE.

Dans un gouffre profond Sion est descendue.

LA SECONDE.

Sion a son front dans les cieux.

LA PREMIÈRE.

Quel triste abaissement!

LA SECONDE.

Quelle immortelle gloire!

LA PREMIÈRE.

Que de cris de douleur!

LA SECONDE.

Que de chants de victoire!

UNE TROISIÈME.

Cessons de nous troubler; notre Dieu quelque jour
Dévoilera ce grand mystère.

TOUTES TROIS.

Révérons sa colère;
Espérons en son amour.

UNE AUTRE.

D'un cœur qui t'aime,
Mon Dieu, qui peut troubler la paix?
Il cherche en tout ta volonté suprême,
Et ne se cherche jamais.
Sur la terre, dans le ciel même,
Est-il d'autre bonheur que la tranquille paix
D'un cœur qui t'aime?

ACTE QUATRIÈME.

SCÈNE I.

JOAS, JOSABET, ZACHARIE, SALOMITH, UN LÉVITE, LE CHOEUR.

SALOMITH.

D'un pas majestueux, à côté de ma mère,
Le jeune Eliacin s'avance avec mon frère.
Dans ces voiles, ma sœur, que portent-ils tous deux?
Quel est ce glaive enfin qui marche devant eux?

JOSABET à Zacharie.

Mon fils, avec respect posez sur cette table
De notre sainte loi le livre redoutable.
Et vous aussi posez, aimable Eliacin,
Cet auguste bandeau près du livre divin.
Lévite, il faut placer, ainsi Joad l'ordonne,
Le glaive de David auprès de sa couronne.

JOAS.

Princesse, quel est donc ce spectacle nouveau?
Pourquoi ce livre saint, ce glaive, ce bandeau?
Depuis que le Seigneur m'a reçu dans son temple
D'un semblable appareil je n'ai point vu d'exemple.

JOSABET.

Tous vos doutes, mon fils, bientôt s'éclairciront.

JOAS.

Vous voulez essayer ce bandeau sur mon front?
Ah, princesse! gardez d'en profaner la gloire!
Un malheureux enfant aux ours abandonné...

JOSABET *lui essayant le diadème.*
Laissez, mon fils : je fais ce qui m'est ordonné.
JOAS.
Mais j'entends les sanglots sortir de votre bouche !
Princesse, vous pleurez ! quelle pitié vous touche ?
Est-ce qu'en holocauste aujourd'hui présenté
Je dois, comme autrefois la fille de Jephté,
Du Seigneur par ma mort apaiser la colère ?
Hélas ! un fils n'a rien qui ne soit à son père.
JOSABET.
Voici qui vous dira les volontés des cieux.
Ne craignez rien. Et nous sortons tous de ces lieux.

SCÈNE II.

JOAS, JOAD.

JOAS *courant dans les bras du grand-prêtre.*
Mon père !
JOAD.
Eh bien, mon fils ?
JOAS.
Qu'est-ce donc qu'on prépare ?
JOAD.
Il est juste, mon fils, que je vous le déclare.
Il faut que vous soyez instruit, même avant tous,
Des grands desseins de Dieu sur son peuple et sur vous.
Armez-vous d'un courage et d'une foi nouvelle ;
Il est temps de montrer cette ardeur et ce zèle
Qu'au fond de votre cœur mes soins ont cultivés,
Et de payer à Dieu ce que vous lui devez.
Sentez-vous cette noble et généreuse envie ?
JOAS.
Je me sens prêt, s'il veut, de lui donner ma vie.

JOAD.
On vous a lu souvent l'histoire de nos rois :
Vous souvient-il, mon fils, quelles étroites lois
Doit s'imposer un roi digne du diadème ?
JOAS.
Un roi sage, ainsi Dieu l'a prononcé lui-même,
Sur la richesse et l'or ne met point son appui ;
Craint le Seigneur son Dieu ; sans cesse a devant lui
Ses préceptes, ses lois, ses jugemens sévères,
Et d'injustes fardeaux n'accable point ses frères.
JOAD.
Mais sur l'un de ces rois s'il falloit vous régler,
A qui choisiriez-vous, mon fils, de ressembler?
JOAS.
David, pour le Seigneur plein d'un amour fidèle,
Me paroît des grands rois le plus parfait modèle.
JOAD.
Ainsi dans leurs excès vous n'imiteriez pas
L'infidèle Joram, l'impie Ochozias ?
JOAS.
O mon père !
JOAD.
Achevez ; dites, que vous en semble !
JOAS.
Puisse périr comme eux quiconque leur ressemble !
(Joad se prosterne à ses pieds.)
Mon père, en quel état vous vois-je devant moi!
JOAD.
Je vous rends le respect que je dois à mon roi.
De votre aïeul David, Joas, rendez-vous digne.
JOAS.
Joas ! moi?

JOAD se relevant.

Vous saurez par quelle grâce insigne
D'une mère en fureur Dieu trompant le dessein,
Quand déjà son poignard étoit dans votre sein,
Vous choisit, vous sauva du milieu du carnage.
Vous n'êtes pas encore échappé de sa rage :
Avec la même ardeur qu'elle voulut jadis
Perdre en vous le dernier des enfans de son fils,
A vous faire périr sa cruauté s'attache,
Et vous poursuit encor sous le nom qui vous cache.
Mais sous vos étendards j'ai déjà su ranger
Un peuple obéissant et prompt à vous venger.
Entrez, généreux chefs des familles sacrées
Du ministère saint tour à tour honorées.

SCÈNE III.

JOAS, JOAD, AZARIAS, ISMAEL, trois autres chefs des lévites.

JOAD.

Roi, voilà vos vengeurs contre vos ennemis.
Prêtres, voilà le roi que je vous ai promis.

AZARIAS.

Quoi ! c'est Eliacin ?

ISMAEL.

Quoi ! cet enfant aimable....

JOAD.

Est des rois de Juda l'héritier véritable,
Dernier né des enfans du triste Ochozias,
Nourri, vous le savez, sous le nom de Joas.
De cette fleur si tendre et sitôt moissonnée
Tout Juda comme vous plaignant la destinée

ACTE IV, SCÈNE III.

Avec ses frères morts le crut enveloppé.
Du perfide couteau comme eux il fut frappé :
Mais Dieu du coup mortel sut détourner l'atteinte,
Conserva dans son cœur la chaleur presque éteinte,
Permit que, des bourreaux trompant l'œil vigilant,
Josabet dans son sein l'emportât tout sanglant,
Et, n'ayant de son vol que moi seul pour complice,
Dans le temple cachât l'enfant et la nourrice.

JOAS.

Hélas ! de tant d'amour et de tant de bienfaits,
Mon père, quel moyen de m'acquitter jamais ?

JOAD.

Gardez pour d'autres temps cette reconnoissance.
Voilà donc votre roi, votre unique espérance :
J'ai pris soin jusqu'ici de vous le conserver ;
Ministres du seigneur, c'est à vous d'achever.
Bientôt de Jézabel la fille meurtrière,
Instruite que Joas voit encor la lumière,
Dans l'horreur du tombeau viendra le replonger :
Déjà sans le connoître elle veut l'égorger.
Prêtres saints, c'est à vous de prévenir sa rage :
Il faut finir des Juifs le honteux esclavage,
Venger vos princes morts, relever votre loi,
Et faire aux deux tribus reconnoître leur roi.
L'entreprise sans doute est grande et périlleuse ;
J'attaque sur son trône une reine orgueilleuse,
Qui voit sous ses drapeaux marcher un camp nombreux
De hardis étrangers, d'infidèles Hébreux :
Mais ma force est au Dieu dont l'intérêt me guide.
Songez qu'en cet enfant tout Israel réside.
Déjà ce Dieu vengeur commence à la troubler ;
Déjà trompant ses soins j'ai su vous rassembler :
Elle nous croit ici sans armes, sans défense.
Couronnons, proclamons Joas en diligence :
De là, du nouveau prince intrépides soldats,

Marchons en invoquant l'arbitre des combats ;
Et, réveillant la foi dans les cœurs endormie,
Jusque dans son palais cherchons notre ennemie.
Et quels cœurs si plongés dans un lâche sommeil,
Nous voyant avancer dans ce saint appareil,
Ne s'empresseront point à suivre notre exemple !
Un roi que Dieu lui-même a nourri dans son temple,
Le successeur d'Aaron, de ses prêtres suivi,
Conduisant au combat les enfans de Lévi ;
Et dans ces mêmes mains des peuples révérées
Les armes au Seigneur par David consacrées !
Dieu sur ses ennemis répandra sa terreur.
Dans l'infidèle sang baignez-vous sans horreur ;
Frappez et Tyriens et même Israélites.
Ne descendez-vous pas de ces fameux lévites
Qui, lorsqu'au dieu du Nil le volage Israel
Rendit dans le désert un culte criminel,
De leurs plus chers parens saintement homicides,
Consacrèrent leurs mains dans le sang des perfides,
Et par ce noble exploit vous acquirent l'honneur
D'être seuls employés aux autels du Seigneur ?
Mais je vois que déjà vous brûlez de me suivre.
Jurez donc avant tout sur cet auguste livre,
A ce roi que le ciel vous redonne aujourd'hui,
De vivre, de combattre et de mourir pour lui.

AZARIAS au bout de la table, ayant la main sur le livre saint.

Oui, nous jurons ici pour nous, pour tous nos frères,
De rétablir Joas au trône de ses pères,
De ne poser le fer entre nos mains remis
Qu'après l'avoir vengé de tous ses ennemis.
Si quelque transgresseur enfreint cette promesse,
Qu'il éprouve, grand Dieu, ta fureur vengeresse ;
Qu'avec lui ses enfans, de ton partage exclus,
Soient au rang de ces morts que tu ne connois plus!

JOAD.
Et vous à cette loi votre règle éternelle,
Roi, ne jurez-vous pas d'être toujours fidèle?
JOAS.
Pourrois-je à cette loi ne me pas conformer?
JOAD.
O mon fils! de ce nom j'ose encor vous nommer,
Souffrez cette tendresse, et pardonnez aux larmes
Que m'arrachent pour vous de trop justes alarmes;
Loin du trône nourri, de ce fatal honneur,
Hélas! vous ignorez le charme empoisonneur;
De l'absolu pouvoir vous ignorez l'ivresse,
Et des lâches flatteurs la voix enchanteresse.
Bientôt ils vous diront que les plus saintes lois,
Maîtresses du vil peuple, obéissent aux rois;
Qu'un roi n'a d'autre frein que sa volonté même;
Qu'il doit immoler tout à sa grandeur suprême;
Qu'aux larmes, au travail le peuple est condamné,
Et d'un sceptre de fer veut être gouverné;
Que s'il n'est opprimé tôt ou tard il opprime.
Ainsi de piége en piége et d'abîme en abîme,
Corrompant de vos mœurs l'aimable pureté,
Ils vous feront enfin haïr la vérité,
Vous peindront la vertu sous une affreuse image.
Hélas! ils ont des rois égaré le plus sage.
Promettez sur ce livre et devant ces témoins
Que Dieu sera toujours le premier de vos soins;
Que, sévère aux méchans et des bons le refuge,
Entre le pauvre et vous vous prendrez Dieu pour juge:
Vous souvenant, mon fils, que caché sous ce lin
Comme eux vous fûtes pauvre, et comme eux orphelin.

JOAS *au milieu de la table, ayant la main sur le livre saint.*

Je promets d'observer ce que la loi m'ordonne.
Mon Dieu, punissez-moi si je vous abandonne!

JOAD.

Venez ; de l'huile sainte il faut vous consacrer.
Paroissez, Josabet; vous pouvez vous montrer.

SCÈNE IV.

JOAS, JOAD, JOSABET, ZACHARIE, SALO-MITH, AZARIAS, ISMAEL, TROIS AUTRES CHEFS DES LÉVITES, LE CHOEUR.

JOSABET embrassant Joas.

O roi, fils de David !

JOAS.

O mon unique mère !
Venez, cher Zacharie, embrasser votre frère.

JOSABET à Zacharie.

Aux pieds de votre roi prosternez-vous, mon fils.
(Zacharie se jette aux pieds de Joas.)

JOAD pendant qu'ils s'embrassent.

Enfans, ainsi toujours puissiez-vous être unis!

JOSABET à Joas.

Vous savez donc quel sang vous a donné la vie ?

JOAS.

Et je sais quelle main sans vous me l'eût ravie.

JOSABET.

De votre nom, Joas, je puis donc vous nommer.

JOAS.

Joas ne cessera jamais de vous aimer.

LE CHOEUR.

Quoi! c'est là...

JOSABET.

C'est Joas.

JOAD.

Ecoutons ce lévite.

SCÈNE V.

JOAS, JOAD, JOSABET, ZACHARIE, SALO-MITH, AZARIAS, ISMAEL, trois autres chefs des lévites, **UN LÉVITE, LE CHOEUR.**

UN LÉVITE.

J'ignore contre Dieu quel projet on médite,
Mais l'airain menaçant frémit de toutes parts;
On voit luire des feux parmi des étendards,
Et sans doute Athalie assemble son armée :
Déjà même au secours toute voie est fermée;
Déjà le sacré mont où le temple est bâti
D'insolens Tyriens est partout investi :
L'un d'eux en blasphémant vient de nous faire entendre
Qu'Abner est dans les fers et ne peut nous défendre.

JOSABET à Joas.

Cher enfant, que le ciel en vain m'avoit rendu,
Hélas ! pour vous sauver j'ai fait ce que j'ai pu :
Dieu ne se souvient plus de David votre père.

JOAD à Josabet.

Quoi ! vous ne craignez pas d'attirer sa colère
Sur vous et sur ce roi si cher à votre amour ?
Et quand Dieu, de vos bras l'arrachant sans retour,
Voudroit que de David la maison fût éteinte,
N'êtes-vous pas ici sur la montagne sainte
Où le père des Juifs sur son fils innocent
Leva sans murmurer un bras obéissant,
Et mit sur un bûcher ce fruit de sa vieillesse,
Laissant à Dieu le soin d'accomplir sa promesse,
Et lui sacrifiant avec ce fils aimé
Tout l'espoir de sa race en lui seul renfermé ?
Amis, partageons-nous. Qu'Ismael en sa garde
Prenne tout le côté que l'orient regarde ;

186 ATHALIE.

Vous le côté de l'ourse, et vous de l'occident;
Vous le midi. Qu'aucun par un zèle imprudent
Découvrant mes desseins, soit prêtre, soit lévite,
Ne sorte avant le temps et ne se précipite;
Et que chacun enfin, d'un même esprit poussé,
Garde en mourant le poste où je l'aurai placé.
L'ennemi nous regarde en son aveugle rage
Comme de vils troupeaux réservés au carnage,
Et croit ne rencontrer que désordre et qu'effroi.
Qu'Azarias partout accompagne le roi.
(A Joas.)
Venez, cher rejeton d'une vaillante race,
Remplir vos défenseurs d'une nouvelle audace;
Venez du diadème à leurs yeux vous couvrir;
Et périssez du moins en roi, s'il faut périr.
(A un lévite.)
Suivez-le, Josabet. Vous, donnez-moi ces armes.
(Au chœur.)
Enfans, offrez à Dieu vos innocentes larmes.

SCÈNE VI.

SALOMITH, LE CHOEUR.

LE CHOEUR chante.

Partez, enfans d'Aaron, partez:
Jamais plus illustre querelle
De vos aïeux n'arma le zèle.
Partez, enfans d'Aaron, partez:
C'est votre roi, c'est Dieu pour qui vous combattez.
UNE VOIX seule.
Où sont les traits que tu lances,
Grand Dieu, dans ton juste courroux?
N'es-tu plus le Dieu jaloux?

ACTE IV, SCÈNE VI.

N'es-tu plus le Dieu des vengeances?
UNE AUTRE.
Où sont, Dieu de Jacob, tes antiques bontés?
Dans l'horreur qui nous environne
N'entends-tu que la voix de nos iniquités?
N'es-tu plus le Dieu qui pardonne?
LE CHOEUR.
Où sont, Dieu de Jacob, tes antiques bontés?
UNE VOIX seule.
C'est à toi que dans cette guerre
Les flèches des méchans prétendent s'adresser.
Faisons, disent-ils, cesser
Les fêtes de Dieu sur la terre;
De son joug importun délivrons les mortels;
Massacrons tous ses saints; renversons ses autels:
Que de son nom, que de sa gloire
Il ne reste plus de mémoire;
Que ni lui ni son Christ ne régnent plus sur nous.
LE CHOEUR.
Où sont les traits que tu lances,
Grand Dieu, dans ton juste courroux?
N'es-tu plus le Dieu jaloux?
N'es-tu plus le Dieu des vengeances?
UNE VOIX seule.
Triste reste de nos rois,
Chère et dernière fleur d'une tige si belle,
Hélas! sous le couteau d'une mère cruelle
Te verrons-nous tomber une seconde fois!
Prince aimable, dis-nous si quelque ange au berceau
Contre tes assassins prit soin de te défendre,
Ou si dans la nuit du tombeau
La voix du Dieu vivant a ranimé ta cendre.
UNE AUTRE.
D'un père et d'un aïeul contre toi révoltés,

Grand Dieu, les attentats lui sont-ils imputés?
Est-ce que sans retour ta pitié l'abandonne?
LE CHOEUR.
Où sont, Dieu de Jacob, tes antiques bontés?
N'es-tu plus le Dieu qui pardonne?
UNE DES FILLES DU CHOEUR sans chanter.
Chères sœurs, n'entendez-vous pas
Des cruels Tyriens la trompette qui sonne?
SALOMITH.
J'entends même les cris des barbares soldats,
Et d'horreur j'en frissonne.
Courons, fuyons, retirons-nous
A l'ombre salutaire
Du redoutable sanctuaire.

ACTE CINQUIÈME.

SCÈNE I.

ZACHARIE, SALOMITH, LE CHOEUR.

SALOMITH.

Cher Zacharie, eh bien! que nous apprenez-vous?

ZACHARIE.

Redoublez au Seigneur votre ardente prière :
Peut-être nous touchons à notre heure dernière ;
Pour l'horrible combat, ma sœur, l'ordre est donné.

SALOMITH.

Que fait Joas?

ZACHARIE.

Joas vient d'être couronné :
Le grand-prêtre a sur lui répandu l'huile sainte.
Oh ciel! dans tous les yeux quelle joie étoit peinte
A l'aspect de ce roi racheté du tombeau!
Ma sœur, on voit encor la marque du couteau :
On voit paroître aussi sa fidèle nourrice,
Qui, cachée en un coin de ce vaste édifice,
Gardoit ce cher dépôt, et n'avoit de ses soins
Que les yeux de ma mère et que Dieu pour témoins.
Nos lévites pleuroient de joie et de tendresse,
Et mêloient leurs sanglots à leurs cris d'allégresse.
Lui, parmi ces transports affable et sans orgueil,
A l'un tendoit la main, flattoit l'autre de l'œil,
Juroit de se régler par leurs avis sincères,
Et les appeloit tous ses pères ou ses frères.

SALOMITH.

Ce secret au dehors est-il aussi semé ?

ZACHARIE.

Ce secret dans le temple est encor renfermé.

Des enfans de Lévi la troupe partagée
Dans un profond silence aux portes s'est rangée.
Tous doivent à la fois précipiter leurs pas,
Et crier pour signal : Vive le roi Joas !
Mais mon père défend que le roi se hasarde,
Et veut qu'Azarias demeure pour sa garde.
Cependant Athalie, un poignard à la main,
Rit des foibles remparts de nos portes d'airain :
Pour les rompre elle attend les fatales machines,
Et ne respire enfin que sang et que ruines.
Quelques prêtres, ma sœur, ont d'abord proposé
Qu'en un lieu souterrain par nos pères creusé
On renfermât du moins notre arche précieuse.
O crainte, a dit mon père, indigne, injurieuse !
L'arche qui fit tomber tant de superbes tours,
Et força le Jourdain de rebrousser son cours,
Des dieux des nations tant de fois triomphante,
Fuiroit donc à l'aspect d'une femme insolente !
Ma mère auprès du roi dans un trouble mortel,
L'œil tantôt sur ce prince et tantôt vers l'autel,
Muette, et succombant sous le poids des alarmes,
Aux yeux les plus cruels arracheroit des larmes.
Le roi de temps en temps la presse entre ses bras,
La flatte... Chères sœurs, suivez toutes mes pas ;
Et s'il faut aujourd'hui que notre roi périsse,
Allons, qu'un même sort avec lui nous unisse.

SALOMITH.

Quelle insolente main frappe à coups redoublés ?
Qui fait courir ainsi ces lévites troublés ?
Quelle précaution leur fait cacher leurs armes ?
Le temple est-il forcé ?

ZACHARIE.

Dissipez vos alarmes ;
Dieu nous envoie Abner.

SCÈNE II.

ABNER, JOAD, JOSABET, ZACHARIE, SALOMITH, ISMAEL, DEUX LÉVITES, LE CHOEUR.

JOAD.

En croirai-je mes yeux,
Cher Abner ? quel chemin a pu jusqu'en ces lieux
Vous conduire au travers d'un camp qui nous assiége ?
On disoit que d'Achab la fille sacrilége
Avoit pour assurer ses projets inhumains
Chargé d'indignes fers vos généreuses mains.

ABNER.

Oui, Seigneur ; elle a craint mon zèle et mon courage :
Mais c'est le moindre prix que me gardoit sa rage.
Dans l'horreur d'un cachot par son ordre enfermé,
J'attendois que, le temple en cendres consumé,
De tant de flots de sang non encore assouvie,
Elle vînt m'affranchir d'une importune vie,
Et retrancher des jours qu'auroit dû mille fois
Terminer la douleur de survivre à mes rois.

JOAD.
Par quel miracle a-t-on obtenu votre grâce ?

ABNER.
Dieu dans ce cœur cruel sait seul ce qui se passe.
Elle m'a fait venir, et d'un air égaré,
« Tu vois de mes soldats tout ce temple entouré,
Dit-elle ; un feu vengeur va le réduire en cendre,
Et ton Dieu contre moi ne le sauroit défendre.
Ses prêtres toutefois, mais il faut se hâter,
A deux conditions peuvent se racheter.
Qu'avec Eliacin on mette en ma puissance

Un trésor dont je sais qu'ils ont la connoissance,
Par votre roi David autrefois amassé,
Sous le sceau du secret au grand-prêtre laissé.
Va, dis-leur qu'à ce prix je leur permets de vivre.»

JOAD.

Quel conseil, cher Abner, croyez-vous qu'on doit suivre?

ABNER.

Et tout l'or de David, s'il est vrai qu'en effet
Vous gardiez de David quelque trésor secret;
Et tout ce que des mains de cette reine avare
Vous avez pu sauver et de riche et de rare,
Donnez-le. Voulez-vous que d'impurs assassins
Viennent briser l'autel, brûler les chérubins,
Et portant sur notre arche une main téméraire
De votre propre sang souiller le sanctuaire?

JOAD.

Mais siéroit-il, Abner, à des cœurs généreux
De livrer au supplice un enfant malheureux,
Un enfant que Dieu même à ma garde confie,
Et de nous racheter aux dépens de sa vie?

ABNER.

Hélas! Dieu voit mon cœur. Plût à ce Dieu puissant
Qu'Athalie oubliât un enfant innocent,
Et que du sang d'Abner sa cruauté contente
Crût calmer par ma mort le ciel qui la tourmente!
Mais que peuvent pour lui vos inutiles soins?
Quand vous périrez tous en périra-t-il moins?
Dieu vous ordonne-t-il de tenter l'impossible?
Pour obéir aux lois d'un tyran inflexible,
Moïse, par sa mère au Nil abandonné,
Se vit presque en naissant à périr condamné:
Mais Dieu le conservant contre toute espérance
Fit par le tyran même élever son enfance.
Qui sait ce qu'il réserve à votre Eliacin,

ACTE V, SCÈNE II.

t si, lui préparant un semblable destin,
l n'a point de pitié déjà rendu capable
e nos malheureux rois l'homicide implacable?
u moins, et Josabet comme moi l'a pu voir,
antôt à son aspect je l'ai vu s'émouvoir;
'ai vu de son courroux tomber la violence.

(A Josabet.)

rincesse, en ce péril vous gardez le silence?
h quoi! pour un enfant qui vous est étranger
ouffrez-vous que sans fruit Joad laisse égorger
ous, son fils, tout ce peuple, et que le feu dévore
e seul lieu sur la terre où Dieu veut qu'on l'adore?
ue feriez-vous de plus si des rois vos aïeux
e jeune enfant étoit un reste précieux?

JOSABET bas à Joad.

our le sang de ses rois vous voyez sa tendresse:
ue ne lui parlez-vous?

JOAD.

Il n'est pas temps, princesse.

ABNER.

temps est cher, seigneur, plus que vous ne pensez.
ndis qu'à me répondre ici vous balancez,
athan près d'Athalie étincelant de rage
emande le signal et presse le carnage.
ut-il que je me jette à vos sacrés genoux?
nom du lieu si saint qui n'est ouvert qu'à vous,
eu terrible, où de Dieu la majesté repose,
elque dure que soit la loi qu'on vous impose,
ce coup imprévu songeons à nous parer.
nnez-moi seulement le temps de respirer:
main, dès cette nuit, je prendrai des mesures
ur assurer le temple et venger ses injures.
is je vois que mes pleurs et que mes vains discours
ur vous persuader sont un foible secours;
tre austère vertu n'en peut être frappée:

Eh bien, trouvez-moi donc quelque arme, quelque épée,
Et qu'aux portes du temple, où l'ennemi m'attend,
Abner puisse du moins mourir en combattant.
JOAD.
Je me rends. Vous m'ouvrez un avis que j'embrasse :
De tant de maux, Abner, détournons la menace.
Il est vrai, de David un trésor est resté,
La garde en fut commise à ma fidélité ;
C'étoit des tristes Juifs l'espérance dernière,
Que mes soins vigilans cachoient à la lumière :
Mais puisqu'à votre reine il faut le découvrir,
Je vais la contenter, nos portes vont s'ouvrir.
De ses plus braves chefs qu'elle entre accompagnée ;
Mais de nos saints autels qu'elle tienne éloignée
D'un ramas d'étrangers l'indiscrète fureur :
Du pillage du temple épargnez-moi l'horreur.
Des prêtres, des enfans lui feroient-ils quelque ombre?
De sa suite avec vous qu'elle règle le nombre.
Et quant à cet enfant si craint, si redouté,
De votre cœur, Abner, je connois l'équité,
Je vous veux devant elle expliquer sa naissance ;
Vous verrez s'il le faut remettre en sa puissance,
Et je vous ferai juge entre Athalie et lui.
ABNER.
Ah! je le prends déjà, seigneur, sous mon appui :
Ne craignez rien. Je cours vers celle qui m'envoie.

SCÈNE III.

JOAD, JOSABET, ZACHARIE, SALOMITH, ISMAEL, DEUX LÉVITES, LE CHOEUR.

JOAD.
Grand Dieu, voici ton heure, on t'amène ta proie !
Ismael, écoutez.
        (Il lui parle bas.)

JOSABET.

Puissant maître des cieux,
Remets-lui le bandeau dont tu couvris ses yeux
Lorsque, lui dérobant tout le fruit de son crime,
Tu cachas dans mon sein cette tendre victime!

JOAD.

Allez, sage Ismael, ne perdez point de temps;
Suivez de point en point ces ordres importans.
Surtout qu'à son entrée et que sur son passage
Tout d'un calme profond lui présente l'image.
Vous, enfans, préparez un trône pour Joas;
Qu'il s'avance suivi de nos sacrés soldats.
Faites venir aussi sa fidèle nourrice,
Princesse, et de vos pleurs que la source tarisse.

(A un lévite.)

Vous, dès que cette reine, ivre d'un fol orgueil,
De la porte du temple aura passé le seuil,
Qu'elle ne pourra plus retourner en arrière,
Prenez soin qu'à l'instant la trompette guerrière
Dans le camp ennemi jette un subit effroi:
Appelez tout le peuple au secours de son roi,
Et faites retentir jusques à son oreille
De Joas conservé l'étonnante merveille.
Il vient.

SCÈNE IV.

JOAS, JOAD, JOSABETH, ZACHARIE, SALO-MITH, AZARIAS, troupes de prêtres et de lévites, **LE CHOEUR.**

JOAD.

Lévites saints, prêtres de notre Dieu,
Partout sans vous montrer environnez ce lieu;

Et, laissant à mes soins gouverner votre zéle,
Pour paroître attendez que ma voix vous appelle.
   (Ils se cachent tous.)
Roi, je crois qu'à vos vœux cet espoir est permis,
Venez voir à vos pieds tomber vos ennemis.
Celle dont la fureur poursuivit votre enfance
Vers ces lieux à grands pas pour vous perdre s'avance,
Mais ne la craignez point: songez qu'autour de vous
L'ange exterminateur est debout avec nous.
Montez sur votre trône, et... Mais la porte s'ouvre :
Permettez un moment que ce voile vous couvre.
   (Il tire un rideau.)
Vous changez de couleur, princesse !
                JOSABET.
                         Ah ! sans pâlir
Puis-je voir d'assassins le temple se remplir ?
Quoi ! ne voyez-vous pas quelle nombreuse escorte...
                JOAD.
Je vois que du saint temple on referme la porte.
Tout est en sûreté.

SCÈNE V.

ATHALIE, JOAS, JOAD, JOSABETH, ABNER,
SUITE D'ATHALIE.

(Joas est caché derrière le rideau.)

            ATHALIE à Joad.
              Te voilà, séducteur,
De ligues, de complots, pernicieux auteur,
Qui dans le trouble seul a mis tes espérances,
Eternel ennemi des suprêmes puissances !
En l'appui de ton Dieu tu t'étois reposé :

De ton espoir frivole es-tu désabusé?
Il laisse à mon pouvoir et son temple et ta vie.
Je devrois sur l'autel où ta main sacrifie
Te... Mais du prix qu'on m'offre il faut me contenter.
Ce que tu m'as promis songe à l'exécuter :
Cet enfant, ce trésor qu'il faut qu'on me remette,
Où sont-ils?

JOAD.

Sur-le-champ tu seras satisfaite ;
Je te les vais montrer l'un et l'autre à la fois.

(Le rideau se tire. On voit Joas sur son trône; sa nourrice est à genoux à sa droite; Azarias, l'épée à la main, est debout à sa gauche; et près de lui Zacharie et Salomith sont à genoux sur les degrés du trône ; plusieurs lévites, l'épée à la main, sont rangés sur les côtés.)

Paroissez, cher enfant, digne fils de nos rois.
Connois-tu l'héritier du plus saint des monarques,
Reine? de ton poignard connois du moins ces marques
Voilà ton roi, ton fils, le fils d'Ochozias.
Peuples, et vous Abner, reconnoissez Joas.

ABNER.

Ciel!

ATHALIE à Joad.

Perfide!

JOAD.

Vois-tu cette Juive fidèle
Dont tu sais bien qu'alors il suçoit la mamelle?
Il fut par Josabet à ta rage enlevé :
Ce temple le reçut, et Dieu l'a conservé.
Des trésors de David voilà ce qui me reste.

ATHALIE.

Ta fourbe à cet enfant, traître, sera funeste.
D'un fantôme odieux, soldats, délivrez-moi !

JOAD.

Soldats du Dieu vivant, défendez votre roi !

(Ici le fond du théâtre s'ouvre. On voit le dedans du temple, et les lévites armés entrent de tous côtés sur la scène.)

ATHALIE.

Où suis-je? O trahison! ô reine infortunée!
D'armes et d'ennemis je suis environnée!

JOAD.

Tes yeux cherchent en vain, tu ne peux échapper,
Et Dieu de toutes parts a su t'envelopper.
Ce Dieu que tu bravois en nos mains t'a livrée :
Rends-lui compte du sang dont tu t'es enivrée.

ATHALIE.

Quoi! la peur a glacé mes indignes soldats!
Lâche Abner, dans quel piége as-tu conduit mes pas!

ABNER.

Reine, Dieu m'est témoin...

ATHALIE.

Laisse là ton Dieu, traître,
Et venge-moi.

ABNER se jetant aux pieds de Joas.

Sur qui? Sur Joas! sur mon maître!

ATHALIE.

Lui Joas? lui ton roi? Songez, méchans, songez
Que mes armes encor vous tiennent assiégés.
J'entends à haute voix tout mon camp qui m'appelle.
On vient à mon secours. Tremblez, troupe rebelle.

SCÈNE VI.

**ISMAEL, JOAS, JOAD, ATHALIE, et tous les
ACTEURS DE LA SCÈNE PRÉCÉDENTE.**

ISMAEL à Joad.

Seigneur, le temple est libre et n'a plus d'ennemis;
L'étranger est en fuite, et le Juif est soumis.
Comme le vent dans l'air dissipe la fumée,

La voix du Tout-Puissant a chassé cette armée.
Nos lévites, du haut de nos sacrés parvis,
D'Ochozias au peuple ont annoncé le fils,
Ont conté son enfance au glaive dérobée,
Et la fille d'Achab dans le piége tombée.
Partout en même temps la trompette a sonné :
Et ses sons et leurs cris dans son camp étonné
Ont répandu le trouble et la terreur subite
Dont Gédéon frappa le fier Madianite.
Les Tyriens, jetant armes et boucliers,
Ont par divers chemins disparu les premiers :
Quelques Juifs éperdus ont aussi pris la fuite;
Mais, de Dieu sur Joas admirant la conduite,
Le reste à haute voix s'est pour lui déclaré.
Enfin d'un même esprit tout le peuple inspiré,
Femmes, vieillards, enfans, s'embrassant avec joie,
Bénissent le Seigneur et celui qui l'envoie :
Tous chantent de David le fils ressuscité.
Baal est en horreur dans la sainte cité ;
De son temple profané on a brisé les portes;
Mathan est égorgé.

ATHALIE.

Dieu des Juifs, tu l'emportes
Oui, c'est Joas : je cherche en vain à me tromper;
Je reconnois l'endroit où je le fis frapper;
Je vois d'Ochozias et le port et le geste;
Tout me retrace enfin un sang que je déteste.
David, David triomphe; Achab seul est détruit.
Impitoyable Dieu, toi seul as tout conduit!
C'est toi qui, me flattant d'une vengeance aisée,
M'as vingt fois en un jour à moi-même opposée;
Tantôt pour un enfant excitant mes remords,
Tantôt m'éblouissant de tes riches trésors
Que j'ai craint de livrer aux flammes, au pillage.
Qu'il règne donc ce fils, ton soin et ton ouvrage!

Et que pour signaler son empire nouveau
On lui fasse en mon sein enfoncer le couteau !
Voici ce qu'en mourant lui souhaite sa mère :
Que dis-je souhaiter ! je me flatte, j'espère
Qu'indocile à ton joug, fatigué de ta loi,
Fidèle au sang d'Achab, qu'il a reçu de moi,
Conforme à son aïeul, à son père semblable,
On verra de David l'héritier détestable
Abolir tes honneurs, profaner ton autel,
Et venger Athalie, Achab et Jézabel.

(Athalie sort, les lévites la suivent.)

JOAD.

Qu'à l'instant hors du temple elle soit emmenée,
Et que la sainteté n'en soit point profanée.
Allez, sacrés vengeurs de vos princes meurtris,
De leur sang par sa mort faire cesser les cris.
Si quelque audacieux embrasse sa querelle,
Qu'à la fureur du glaive on le livre avec elle.

SCÈNE VII.

**JOAS, JOAD, JOSABET, ABNER, et tous les
ACTEURS DE LA SCÈNE PRÉCÉDENTE.**

JOAS descendu de son trône.

Dieu, qui voyez mon trouble et mon affliction,
Détournez loin de moi sa malédiction,
Et ne souffrez jamais qu'elle soit accomplie :
Faites que Joas meure avant qu'il vous oublie.

JOAD aux lévites.

Appelez tout le peuple, et montrons-lui son roi :
Qu'il lui vienne en ses mains renouveler sa foi.
Roi, prêtres, peuple, allons, pleins de reconnoissance,
De Jacob avec Dieu confirmer l'alliance,

Et, saintement confus de nos égaremens,
Nous rengager à lui par de nouveaux sermens.
Abner, auprès du roi reprenez votre place.

SCÈNE VIII.

UN LÉVITE, JOAS, JOAD, ET TOUS LES ACTEURS DE LA SCÈNE PRÉCÉDENTE.

JOAD au lévite.

Eh bien, de cette impie a-t-on puni l'audace?
LE LÉVITE.
Le fer a de sa vie expié les horreurs.
Jérusalem, long-temps en proie à ses fureurs,
De son joug odieux à la fin soulagée,
Avec joie en son sang la regarde plongée.
JOAD.
Par cette fin terrible et due à ses forfaits
Apprenez, roi des Juifs, et n'oubliez jamais
Que les rois dans le ciel ont un juge sévère,
L'innocence un vengeur, et l'orphelin un père.

FIN D'ATHALIE.

POÉSIES DIVERSES.

LA NYMPHE DE LA SEINE A LA REINE.

ODE.

Grande reine, de qui les charmes
S'assujettissent tous les cœurs,
Et, de nos discordes vainqueurs,
Pour jamais ont tari nos larmes :
Princesse, qui voyez soupirer dans vos fers
Un roi qui de son nom remplit tout l'univers,
Et faisant son destin faites celui du monde,
Régnez, belle Thérèse, en ces aimables lieux
　　　Qu'arrose le cours de mon onde,
Et que doit éclairer le feu de vos beaux yeux.

Je suis la nymphe de la Seine ;
C'est moi dont les illustres bords
Doivent posséder les trésors
Qui rendoient l'Espagne si vaine.
Ils sont des plus grands rois l'agréable séjour ;
Ils le sont des plaisirs ; ils le sont de l'amour ;
Il n'est rien de si doux que l'air qu'on y respire :
Je reçois les tributs de cent fleuves divers ;
　　　Mais de couler sous votre empire
C'est plus que de régner sur l'empire des mers.

　　　Oh ! que bientôt sur mon rivage
　　　On verra luire de beaux jours !
　　　Oh ! combien de nouveaux Amours
　　　Me viennent des rives du Tage !
Que de nouvelles fleurs vont naître sous vos pas !
Que je vois après vous de grâces et d'appas

Qui s'en vont amener une saison nouvelle!
L'air sera toujours calme et le ciel toujours clair;
 Et près d'une saison si belle
L'âge d'or seroit pris pour un siècle de fer.

  Oh! qu'après de rudes tempêtes
  Il est agréable de voir
  Que les Aquilons sans pouvoir
  N'osent plus gronder sur nos têtes!
Que le repos est doux après de longs travaux!
Qu'on aime le plaisir qui suit beaucoup de maux!
Qu'après un long hiver le printemps a de charmes!
Aussi, quoique ma joie excède mes souhaits,
  Qui n'auroit point senti d'alarmes
Pourroit-il bien juger des douceurs de la paix?

  J'avois perdu toute espérance,
  Tant chacun croyoit malaisé
  Que jamais le ciel apaisé
  Dût rendre le calme à la France :
Mes champs avoient perdu leurs moissons et leurs fleurs;
Je roulois dans mon sein moins de flots que de pleurs;
La tristesse et l'effroi dominoient sur mes rives :
Chaque jour m'apportoit quelques malheurs nouveaux;
  Mes nymphes pâles et craintives
A peine s'assuroient dans le fond de mes eaux.

  De tant de malheurs affligée,
  Je parus un jour sur mes bords,
  Pensant aux funestes discords
  Qui m'ont si long-temps outragée,
Lorsque d'un vol soudain je vis fondre des cieux
Amour, qui me flattant de la voix et des yeux,
Triste nymphe, dit-il, ne te mets plus en peine;
Je te prépare un sort si charmant et si doux
  Que bientôt je veux que la Seine
Rende tout l'univers de sa gloire jaloux.

  Je t'amène après tant d'années
  Une paix de qui les douceurs
  Sans aucun mélange de pleurs
  Feront couler tes destinées.
Mais ce qui doit passer tes plus hardis souhaits,
Une reine viendra, sur les pas de la Paix,

Comme on voit le soleil marcher après l'aurore,
Des rives du couchant elle prendre son cours ;
    Et cet astre surpasse encore
Celui que l'orient voit naître tous les jours.

    Non que j'ignore la vaillance
    Et les miracles de ton roi,
    Et que dans ce commun effroi
    Je doive craindre pour la France.
Je sais qu'il ne se plaît qu'au milieu des hasards ;
Que livrer des combats et forcer des remparts
Sont de ses jeunes ans les délices suprêmes :
Je sais tout ce qu'a fait son bras victorieux ;
    Et que plusieurs de nos dieux mêmes
Par de moindres exploits ont mérité les cieux.

    Mais c'est trop peu pour son courage
    De tous ces exploits inouis :
    Il faut désormais que Louis
    Entreprenne un plus grand ouvrage!
Il n'a que trop tenté le hasard des combats ;
L'Espagne sait assez la valeur de son bras ;
Assez elle a fourni de lauriers à sa gloire :
Il faut qu'il en exige autre chose en ce jour,
    Et que pour dernière victoire
Elle fournisse encore un myrte à son amour.

    Thérèse est l'illustre conquête
    Où doivent tendre tous ses vœux :
    Jamais un myrte plus fameux
    Ne sauroit couronner sa tête.
Le ciel, qui les avoit l'un pour l'autre formés,
Voulut que d'un même or leurs jours fussent tramés.
Elle est digne de lui, comme il est digne d'elle :
Des reines et des rois chacun est le plus grand ;
    Et jamais conquête si belle
Ne mérita les vœux d'un si grand conquérant.

    A son exemple, tous les princes
    Ne songeront plus désormais
    Qu'à faire refleurir la paix
    Et le calme dans leurs provinces.
L'abondance partout ramenera les jeux ;
Les regrets et les soins s'enfuiront devant eux ;
Toutes craintes seront pour jamais étouffées.

Les glaives renfermés ne verront plus le jour,
    Ou bien se verront en trophées
Par les mains de la Paix consacrées à l'Amour.

    Cependant Louis et Thérèse
    Passeront leur âge en ces lieux;
    Et, plus satisfaits que les dieux,
    Boiront le nectar à leur aise.
Je leur ferai cueillir par de longues faveurs
Tout ce que mon empire a de fruits et de fleurs,
Je bannirai loin d'eux tout sujet de tristesse.
Je serai dans leur cœur, je serai dans leurs yeux;
    Et c'est pour les suivre sans cesse
Que tu me vois quitter la demeure des cieux.

    Les Plaisirs viendront sur mes traces
    Charmer tes peuples réjouis:
    La Victoire suivra Louis;
    Thérèse amenera les Grâces.
Les dieux même viendront passer ici leurs jours.
Ton repos en durée égalera ton cours.
Mars de ses cruautés n'y fera plus d'épreuves;
La gloire de ton nom remplira l'univers:
    Et la Seine sur tous les fleuves
Sera ce que Thétis est sur toutes les mers.

    Mais il est temps que je me rende
    Vers le bel astre de ton roi;
    Adieu, nymphe, console-toi
    Sur une espérance si grande.
Thérèse va venir, ne répands plus de pleurs;
Prépare seulement des lauriers et des fleurs,
Afin d'en faire hommage à sa beauté suprême.
Ainsi finit Amour, me laissant à ces mots:
    Et je courus à l'heure même
Conter mon aventure aux nymphes de mes flots.

    Oh dieux! que la seule pensée
    De voir un astre si charmant
    Leur fit oublier promptement
    Toute leur misère passée!
Que le Tage souffrit! quels furent ses transports
Quand l'Amour lui ravit l'ornement de ses bords!
Et que pour lui la guerre eût été moins à craindre!
Ses nymphes de regret prirent toutes le deuil;

Et si leurs jours pouvoient s'éteindre,
La douleur auroit pu les conduire au cercueil.

  Ce fut alors que les nuages
  Dont nos jours étoient obscurcis
  Devant vous furent éclaircis,
  Et n'enfantèrent plus d'orages.
Nos maux de votre main eurent leur guérison ;
Vos yeux d'un nouveau jour peignirent l'horizon ;
La terre sous vos pas devint même fertile ;
Le soleil, étonné de tant d'effets divers,
  Eut peur de se voir inutile,
Et qu'un autre que lui n'éclairât l'univers.

  L'impatiente Renommée,
  Ne pouvant cacher ses transports,
  Vint m'entretenir sur ces bords
  De l'objet qui l'avoit charmée.
Oh dieux ! que ses discours accrurent mes désirs !
Que je sentis dès lors de joie et de plaisirs
A vous ouïr nommer si charmante et si belle !
Sa voix seule arrêta la course de mes eaux ;
  Les Zéphyrs en foule autour d'elle
Cessèrent pour l'ouïr d'agiter mes roseaux.

  Tout l'or dont se vante le Tage,
  Tout ce que l'Inde sur ses bords
  Vit jamais briller de trésors,
  Sembloit être sur mon rivage.
Qu'étoit-ce toutefois de ce grand appareil
Dès qu'on jetoit les yeux sur l'éclat non pareil
Dont vos seules beautés vous avoient entourée ?
Je sais bien que Junon parut moins belle aux dieux
  Et moins digne d'être adorée
Lorsqu'en nouvelle reine elle entra dans les cieux.

  Régnez donc, princesse adorable,
  Sans jamais quitter le séjour
  De ce beau rivage, où l'Amour
  Vous doit être si favorable.
Si l'on en croit ce dieu, vous y devez cueillir
Des roses que sa main gardera de vieillir,
Et qui d'aucun hiver ne craindront l'insolence ;
Tandis qu'un nouveau Mars, sorti de votre sein,
  Ira couronner sa vaillance
De la palme qui croît aux rives du Jourdain.

LA RENOMMÉE AUX MUSES.

ODE.

On alloit oublier les Filles de mémoire,
    Et parmi les mortels
L'ignorance et l'erreur alloient ternir leur gloire,
    Et briser leurs autels :
Il falloit qu'un héros de qui la terre entière
    Admire les exploits
Leur offrit un asile, et fournit de matière
    A leurs divines voix.

Elles étoient au ciel ; et la nymphe qui vole
    Et qui parle toujours
Ne les vit pas plus tôt qu'elle prit la parole,
    Et leur tint ce discours :

Puisqu'un nouvel Auguste aux rives de la Seine
    Vous appelle en ce jour,
Muses, pour voir Louis abandonnez sans peine
    Le céleste séjour.

Aussi bien voyez-vous que plusieurs des dieux même,
    De sa gloire éblouis,
Prisent moins le nectar que le plaisir extrême
    D'être auprès de Louis.

A peine marchoit-il que la fille sacrée
    Qui se plait aux combats,
Et Thémis, qui préside aux balances d'Astrée,
    Conduisirent ses pas.

Les Vertus, qui dès lors suivirent leur exemple,
    Virent avec plaisir
Que le cœur de Louis étoit le plus beau temple
    Qu'elles pussent choisir.

Aussi prompte que tout, nous vimes la Victoire
    Suivre ses étendards,
Jurant qu'à si haut point elle mettroit sa gloire,
    Qu'on le prendroit pour Mars.

On sait qu'elle marchoit devant cet Alexandre,
  Et que plus d'une fois
Elle arrêta la Paix toute prête à descendre
  Sur l'empire françois.

Mais enfin ce héros, plus craint que le tonnerre,
  Après tant de hauts faits,
A trouvé moins de gloire à conquérir la terre
  Qu'à ramener la Paix.

Ainsi près de Louis cette aimable déesse
  Etablit son séjour
Et de mille autres dieux, qui la suivent sans cesse,
  Elle peupla sa cour.

Entre les déités dont l'immortelle gloire
  Parut en ces bas lieux
On vit venir Thérèse; et sa beauté fit croire
  Qu'elle venoit des cieux.

Vous-même en la voyant avouerez que l'Aurore
  Jette moins de clartés,
Eût-elle tout l'éclat et les habits encore
  Dont vous la revêtez.

Mais quoique dans la paix Louis semble se plaire,
  Quel orgueil aveuglé
Osera s'exposer aux traits de sa colère
  Sans en être accablé?

Ah! si ce grand héros vous paroît plein de charmes
  Dans le sein de la paix,
Que vos yeux le verront terrible sous les armes
  S'il les reprend jamais!

Vous le verrez voler plus vite que la foudre
  Au milieu des hasards,
Faire ouvrir les cités ou renverser en poudre
  Leurs superbes remparts.

Qu'il fera beau chanter tant d'illustres merveilles
  Et de faits inouis!
Et qu'en si beau sujet vous plairez aux oreilles
  Des peuples de Louis!

Songez de quelle ardeur vous serez échauffées
    Quand pour vous écouter
Vous trouverez ce prince à l'ombre des trophées
    Qu'il viendra de planter.

Ainsi le grand Achille, assis près des murailles
    Où l'on pleuroit Hector,
De ses braves aïeux écoutoit les batailles,
    Et les siennes encor.

Quoi que fasse Louis, soit en paix, soit en guerre,
    Il vous peut inspirer
Des chants harmonieux, qui de toute la terre
    Vous feront admirer.

Qu'on ne nous parle plus de l'amant d'Eurydice;
    Quoi qu'on dise de lui,
Le Strymon n'a rien vu que la Seine ne puisse
    Voir encore aujourd'hui.

Je vous promets bien plus : la Fortune, sensible
    A des charmes si doux,
Laissera désormais la rigueur inflexible
    Qu'elle eut toujours pour vous.

En vain de vos lauriers on se paroit la tête ;
    Et vos chantres fameux
Etoient les plus sujets aux coups de la tempête
    Et les plus malheureux.

C'est en vain qu'autrefois les lions et les arbres
    Vous suivoient pas à pas;
La Fortune, toujours plus dure que les marbres,
    Ne s'en émouvoit pas.

Mais ne la craignons plus : Louis contre sa haine
    Vous protège aujourd'hui,
Et près de cet Auguste un illustre Mécène
    Vous promet son appui.

Les soins de ce grand homme apaiseront la rage
    De vos fiers ennemis;
Et, quoi qu'il vous promette, il fera davantage
    Qu'il ne vous a promis.

Venez donc, puisqu'enfin vous ne sauriez élire
 Un plus charmant séjour
Que d'être auprès d'un roi dont le mérite attire
 Tant de dieux à sa cour.

Moi-même auprès de lui je ferois ma demeure
 Si ses exploits divers
Ne me contraignoient pas de voler à toute heure
 Au bout de l'univers.

Là finit son discours; et la troupe immortelle
 Qui l'avoit écouté
Voulut voir le héros que la nymphe fidèle
 Leur avoit tant vanté.

Sa présence effaça dans leur ame charmée
 Le souvenir des cieux,
Et dans le même instant la prompte Renommée
 L'alla dire en tous lieux.

IDYLLE SUR LA PAIX.

Un plein repos favorise nos vœux:
Peuples, chantez la Paix qui vous rend tous heureux.

Un plein repos favorise nos vœux :
Chantons, chantons la Paix, qui nous rend tous heureux.

Charmante Paix, délices de la terre,
 Fille du ciel, et mère des plaisirs,
  Tu reviens combler nos désirs ;
Tu bannis la terreur et les tristes soupirs,
 Malheureux enfans de la Guerre.

Un plein repos favorise nos vœux ;
Chantons, chantons la Paix, qui nous rend tous heureux.

Tu rends le fils à sa tremblante mère ;
 Par toi la jeune épouse espère
D'être long-temps unie à son époux aimé ;
 De ton retour le laboureur charmé
Ne craint plus désormais qu'une main étrangère
Moissonne avant le temps le champ qu'il a semé ;

Tu pares nos jardins d'une grâce nouvelle ;
Tu rends le jour plus pur et la terre plus belle.

    Un plein repos favorise nos vœux ;
Chantons, chantons la Paix, qui nous rend tous heureux.

    Mais quelle main puissante et secourable
A rappelé du ciel cette Paix adorable ?
    Quel dieu sensible aux vœux de l'univers
    A replongé la Discorde aux enfers ?

    Déjà grondoient les horribles tonnerres
      Par qui sont brisés les remparts ;
    Déjà marchoit devant les étendards
      Bellone, les cheveux épars,
Et se flattoit d'éterniser les guerres
Que sa fureur souffloit de toutes parts.

    Divine Paix, apprends-nous par quels charmes
Un calme si profond succède à tant d'alarmes.

Un héros, des mortels l'amour et le plaisir,
Un roi victorieux vous a fait ce loisir.

Un héros, des mortels l'amour et le plaisir,
Un roi victorieux nous a fait ce loisir.

    Ses ennemis, offensés de sa gloire,
    Vaincus cent fois et cent fois supplians,
    En leur fureur de nouveau s'oublians
Ont osé dans ses bras irriter la victoire.
    Qu'ont-ils gagné ces esprits orgueilleux
    Qui menaçoient d'armer la terre entière ?
Ils ont vu de nouveau resserrer leur frontière :
    Ils ont vu ce roc sourcilleux (1),
    De leur orgueil l'espérance dernière,
De nos champs fortunés devenir la barrière.

Un héros, des mortels l'amour et le plaisir,
Un roi victorieux nous a fait ce loisir.

    Son bras est craint du couchant à l'aurore :
La foudre quand il veut tombe aux climats gelés,

---

(1) Luxembourg.

Et sur les bords par le soleil brûlés :
De son courroux vengeur sur le rivage more
La terre fume encore.
Malheureux les ennemis
De ce prince redoutable !
Heureux les peuples soumis
A son empire équitable !

Chantons, bergers, et nous réjouissons
Qu'il soit le sujet de nos fêtes.
Le calme dont nous jouissons
N'est plus sujet aux tempêtes.
Chantons, bergers, et nous réjouissons
Qu'il soit le sujet de nos fêtes ;
Le bonheur dont nous jouissons
Le flatte autant que toutes ses conquêtes.

De ces lieux l'éclat et les attraits,
Ces fleurs odorantes,
Ces eaux (1) bondissantes,
Ces ombrages frais,
Sont des dons de ses mains bienfaisantes.
De ces lieux l'éclat et les attraits
Sont des fruits de ses bienfaits.

Il veut bien quelquefois visiter nos bocages ;
Nos jardins ne lui déplaisent pas.
Arbres épais, redoublez vos ombrages ;
Fleurs, naissez sous ses pas.
O ciel, ô saintes destinées,
Qui prenez soin de ses jours florissans,
Retranchez de nos ans
Pour ajouter à ses années.

Qu'il règne ce héros, qu'il triomphe toujours ;
Qu'avec lui soit toujours la paix ou la victoire ;
Que le cours de ses ans dure autant que le cours
De la Seine et de la Loire.
Qu'il règne ce héros, qu'il triomphe toujours ;
Qu'il vive autant que sa gloire !

(1) La cascade de Sceaux.

ÉPIGRAMMES.

Sur l'Iphigénie de Le Clerc.

Entre Le Clerc et son ami Coras,
Deux grands auteurs, rimant de compagnie,
N'a pas long-temps s'ourdirent grands débats
Sur le propos de leur Iphigénie.
Coras lui dit : La pièce est de mon crû.
Le Clerc répond : Elle est mienne et non vôtre.
Mais aussitôt que l'ouvrage eut paru,
Plus n'ont voulu l'avoir fait l'un ni l'autre.

———

Un ordre, hier venu de Saint-Germain,
Veut qu'on s'assemble : on s'assemble demain.
Notre archevêque et cinquante-deux autres
   Successeurs des apôtres
S'y trouveront. Or de savoir quel cas
S'y traitera, c'est encore un mystère :
   C'est seulement chose très claire
Que nous avons cinquante-deux prélats
   Qui ne résident pas.

———

Sur le Germanicus de Pradon.

Que je plains le destin du grand Germanicus !
   Quel fut le prix de ses rares vertus !
   Persécuté par le cruel Tibère,
   Empoisonné par le traître Pison,
Il ne lui restoit plus, pour dernière misère,
   Que d'être chanté par Pradon.

———

Sur le Sésostris de Longepierre.

Ce fameux conquérant, ce vaillant Sésostris,
Qui jadis en Egypte, au gré des destinées,
   Véquit de si longues années,
   N'a vécu qu'un jour à Paris.

Sur Andromaque.

Le vraisemblable est peu dans cette pièce,
Si l'on en croit et d'Olonne et Créqui.
Créqui dit que Pyrrhus aime trop sa maîtresse;
D'Olonne, qu'Andromaque aime trop son mari.

Sur la même tragédie.

Créqui prétend qu'Oreste est un pauvre homme
Qui soutient mal le rang d'ambassadeur:
Et Créqui de ce rang connoît bien la splendeur:
Si quelqu'un l'entend mieux je l'irai dire à Rome.

Sur la Judith de Boyer.

A sa Judith Boyer par aventure
Etoit assis près d'un riche caissier :
Bien aise étoit, car le bon financier
S'attendrissoit et pleuroit sans mesure.
Bon gré vous sais, lui dit le vieux rimeur;
Le beau vous touche, et ne seriez d'humeur
A vous saisir pour une baliverne.
Lors le richard en larmoyant lui dit :
Je pleure, hélas! pour ce pauvre Holopherne,
Si méchamment mis à mort par Judith.

L'origine des Sifflets.

Ces jours passés, chez un vieil histrion
Un chroniqueur émut la question
Quand dans Paris commença la méthode
De ces sifflets qui sont tant à la mode.
Ce fut, dit l'un, aux pièces de Boyer.
Gens pour Pradon voulurent parier.
Non, dit l'acteur, je sais toute l'histoire,
Que par degrés je vais vous débrouiller.
Boyer apprit au parterre à bâiller ;
Quant à Pradon, si j'ai bonne mémoire,
Pommes sur lui volèrent largement :
Mais quand sifflets prirent commencement,

C'est (j'y jouois, j'en suis témoin fidèle)
C'est à l'Aspar (1) du sieur de Fontenelle.

Sur les complimens que le roi reçut au sujet de sa convalescence.

Grand Dieu, conserve-nous ce roi victorieux
    Que tu viens de rendre à nos larmes ;
Fais durer à jamais des jours si précieux :
    Que ce soient là nos dernières alarmes.
    Empêche d'aller jusqu'à lui
    Le noir chagrin, le dangereux ennui,
    Toute langueur, toute fièvre ennemie,
    Et les vers de l'académie.

Pour le portrait de M. Arnaud.

Sublime en ses écrits, doux et simple de cœur,
Puisant la vérité jusqu'à son origine,
De tous ses longs travaux Arnaud sortit vainqueur,
Et soutint de la foi l'antiquité divine.
De la grâce il perça les mystères obscurs ;
Aux humbles pénitens traça des chemins sûrs ;
Rappela le pécheur au joug de l'évangile :
Dieu fut l'unique objet de ses désirs constans ;
L'église n'eut jamais, même en ses premiers temps,
De plus zélé vengeur ni d'enfant plus docile.

Epitaphe de M. Arnaud.

    Haï des uns, chéri des autres,
    Estimé de tout l'univers,
Et plus digne de vivre au siècle des apôtres
    Que dans un siècle si pervers,
Arnaud vient de finir sa carrière pénible.
Les mœurs n'eurent jamais de plus grave censeur,
    L'erreur d'ennemi plus terrible,
L'église de plus ferme et plus grand défenseur.

---

(1) Cette tragédie fut jouée en 1680. Elle n'eut que trois représentations.

HYMNES

TRADUITES DU BRÉVIAIRE ROMAIN.

LE LUNDI A MATINES.

Somno refectis artubus, etc.

Tandis que le sommeil réparant la nature
  Tient enchaînés le travail et le bruit,
Nous rompons ses liens, ô clarté toujours pure!
  Pour te louer dans la profonde nuit.

Que dès notre réveil notre voix te bénisse;
  Qu'à te chercher notre cœur empressé
T'offre ses premiers vœux, et que par toi finisse
  Le jour par toi saintement commencé.

L'astre dont la présence écarte la nuit sombre
  Viendra bientôt recommencer son tour :
O vous, noirs ennemis qui vous glissez dans l'ombre,
  Disparoissez à l'approche du jour.

Nous t'implorons, Seigneur; tes bontés sont nos armes;
  De tout péché rends-nous purs à tes yeux;
Fais que, t'ayant chanté dans ce séjour de larmes,
  Nous te chantions dans le repos des cieux.

Exauce, père saint, notre ardente prière,
  Verbe son fils, Esprit leur nœud divin,
Dieu qui, tout éclatant de ta propre lumière,
  Règnes au ciel sans principe et sans fin.

A LAUDES.

Splendor paternæ gloriæ, etc.

Source ineffable de lumière,
Verbe, en qui l'Eternel contemple sa beauté;
Astre, dont le soleil n'est que l'ombre grossière;
Sacré jour, dont le jour emprunte sa clarté;

Lève-toi, Soleil adorable,
Qui de l'éternité ne fais qu'un heureux jour ;
Fais briller à nos yeux ta clarté secourable,
Et répands dans nos cœurs le feu de ton amour.

Prions aussi l'auguste Père,
Le Père dont la gloire a devancé les temps,
Le Père tout puissant en qui le monde espère,
Qu'il soutienne d'en haut ses fragiles enfans.

Donne-nous un ferme courage,
Brise la noire dent du serpent envieux :
Que le calme, grand Dieu, suive de près l'orage ;
Fais-nous faire toujours ce qui plait à tes yeux.

Guide notre ame dans ta route ;
Rends notre corps docile à ta divine loi ;
Remplis-nous d'un espoir que n'ébranle aucun doute,
Et que jamais l'erreur n'altère notre foi.

Que Christ soit notre pain céleste ;
Que l'eau d'une foi vive abreuve notre cœur ;
Ivres de ton esprit, sobres pour tout le reste,
Daigne à tes combattans inspirer ta vigueur.

Que la pudeur chaste et vermeille
Imite sur leur front la rougeur du matin ;
Aux clartés du midi que leur foi soit pareille ;
Que leur persévérance ignore le déclin.

L'aurore luit sur l'hémisphère :
Que Jésus dans nos cœurs daigne luire aujourd'hui,
Jésus qui tout entier est dans son divin père,
Comme son divin père est tout entier en lui.

Gloire à toi, Trinité profonde,
Père, Fils, Esprit saint ; qu'on t'adore toujours,
Tant que l'astre des temps éclairera le monde,
Et quand les siècles même auront fini leur cours.

LE MARDI A MATINES.

Consors paterni luminis, etc.

Verbe égal au Très-Haut, notre unique espérance,
  Jour éternel de la terre et des cieux,

De la paisible nuit nous rompons le silence :
    Divin Sauveur, jette sur nous les yeux.

Répands sur nous le feu de ta grâce puissante;
    Que tout l'Enfer fuie au son de ta voix;
Dissipe ce sommeil d'une ame languissante
    Qui la conduit dans l'oubli de tes lois.

O Christ, sois favorable à ce peuple fidèle,
    Pour te bénir maintenant assemblé,
Reçois les chants qu'il offre à ta gloire immortelle;
    Et de tes dons qu'il retourne comblé.

Exauce, Père saint, notre ardente prière, etc.

A LAUDES.

Ales diei nuntius, etc.

    L'oiseau vigilant nous réveille,
Et ses chants redoublés semblent chasser la nuit :
Jésus se fait entendre à l'ame qui sommeille,
Et l'appelle à la vie, où son jour nous conduit.

    Quittez, dit-il, la couche oisive
Où vous ensevelit une molle langueur :
Sobres, chastes et purs, l'œil et l'ame attentive,
Veillez; je suis tout proche, et frappe à votre cœur.

    Ouvrons donc l'œil à sa lumière,
Levons vers ce Sauveur et nos mains et nos yeux
Pleurons et gémissons : une ardente prière
Ecarte le sommeil et pénètre les cieux.

    O Christ, ô soleil de justice,
De nos cœurs endurcis romps l'assoupissement;
Dissipe l'ombre épaisse où les plonge le vice,
Et que ton divin jour y brille à tout moment.

    Gloire à toi, Trinité profonde, etc.

LE MERCREDI A MATINES.

Rerum creator optime, etc.

Grand Dieu, par qui de rien toute chose est formée,
    Jette les yeux sur nos besoins divers ;
Romps ce fatal sommeil par qui l'ame charmée
    Dort en repos sur le bord des enfers.

Daigne, ô divin Sauveur que notre voix implore,
    Prendre pitié des fragiles mortels ;
Et vois comme du lit, sans attendre l'aurore,
    Le repentir nous traine à tes autels.

C'est là que notre troupe affligée, inquiète,
    Levant au ciel et le cœur et les mains.
Imite le grand Paul et suit ce qu'un prophète
    Nous a prescrit dans ses cantiques saints.

Nous montrons à tes yeux nos maux et nos alarmes ;
    Nous confessons tous nos crimes secrets ;
Nous t'offrons tous nos vœux, nous y mêlons nos larmes :
    Que ta bonté révoque tes arrêts.

Exauce, Père saint, notre ardente prière, etc.

A LAUDES.

Nox, et tenebræ, et nubila, etc.

    Sombre nuit, aveugles ténèbres,
Fuyez, le jour s'approche et l'olympe blanchit :
Et vous, démons, rentrez dans vos prisons funèbres ;
De votre empire affreux un Dieu nous affranchit.

    Le soleil perce l'ombre obsure ;
Et les traits éclatans qu'il lance dans les airs,
Rompant le voile épais qui couvroit la nature,
Redonnent la couleur et l'ame à l'univers.

    O Christ, notre unique lumière,
Nous ne reconnoissons que tes saintes clartés ;
Notre esprit t'est soumis ; entends notre prière,
Et sous ton divin joug range nos volontés.

Souvent notre ame criminelle
Sur sa fausse vertu, téméraire, s'endort :
Hâte-toi d'éclairer, ô lumière éternelle,
Des malheureux assis dans l'ombre de la mort.

Gloire à toi, Trinité profonde, etc.

LE JEUDI A MATINES.
Nox atra rerum contegit, etc.

De toutes les couleurs que distinguoit la vue
    L'obscure nuit n'a fait qu'une couleur :
Juste juge des cœurs, notre ardeur assidue
    Demande ici tes yeux et ta faveur.

Qu'ainsi, prompt à guérir nos mortelles blessures,
    Ton feu divin dans nos cœurs répandu
Consume pour jamais leurs passions impures,
    Pour n'y laisser que l'amour qui t'est dû.

Effrayés des péchés dont le poids les accable,
    Tes serviteurs voudroient se relever :
Ils implorent, Seigneur, ta bonté secourable,
    Et dans ton sang cherchent à se laver.

Seconde leurs efforts, dissipe l'ombre noire
    Qui dès long-temps les tient enveloppés;
Et que l'heureux séjour d'une immortelle gloire
    Soit l'objet seul de leurs cœurs détrompés.

Exauce, Père saint, notre ardente prière, etc.

A LAUDES.
Lux ecce surgit aurea, etc.

Les portes du jour sont ouvertes,
Le soleil peint le ciel de rayons éclatans :
Loin de nous cette nuit dont nos ames couvertes
Dans le chemin du crime ont erré si long-temps.

    Imitons la lumière pure
De l'astre étincelant qui commence son cours,
Ennemis du mensonge et de la fraude obscure;
Et que la vérité brille en tous nos discours.

Que ce jour se passe sans crime ;
Que nos langues, nos mains, nos yeux, soient innocens;
Que tout soit chaste en nous, et qu'un frein légitime
Aux lois de la raison asservisse les sens.

Du haut de sa sainte demeure
Un Dieu toujours veillant nous regarde marcher;
Il nous voit, nous entend, nous observe à toute heure;
Et la plus sombre nuit ne sauroit nous cacher.

Gloire à toi, Trinité profonde, etc.

LE VENDREDI A MATINES.

Tu, Trinitatis unitas, etc.

Auteur de toute chose, essence en trois unique,
 Dieu tout puissant, qui régis l'univers,
Dans la profonde nuit nous t'offrons ce cantique;
 Ecoute-nous et vois nos maux divers.

Tandis que du sommeil le charme nécessaire
 Ferme les yeux du reste des humains,
Le cœur tout pénétré d'une douleur amère,
 Nous implorons tes secours souverains.

Que tes feux de nos cœurs chassent la nuit fatale;
 Qu'à leur éclat soient d'abord dissipés
Ces objets dangereux que la ruse infernale
 Dans un vain songe offre à nos sens trompés.

Que notre corps soit pur ; qu'une indolence ingrate
 Ne tienne point nos cœurs ensevelis;
Que par l'impression du vice qui nous flatte
 Tes feux sacrés n'y soient point affoiblis.

Qu'ainsi, divin Sauveur, tes lumières célestes,
 Dans tes sentiers affermissant nos pas,
Nous détournent toujours de ces piéges funestes
 Que le démon couvre de mille appas.

Exauce, Père saint, notre ardente prière, etc.

A LAUDES.

Æterna cœli gloria, etc.

Astre que l'olympe révère,
Doux espoir des mortels rachetés par ton sang,
Verbe, fils éternel du redoutable Père,
Jésus, qu'une humble Vierge a porté dans son flanc,

Affermis l'ame qui chancelle ;
Fais que, levant au ciel nos innocentes mains,
Nous chantions dignement et ta gloire immortelle
Et les biens dont ta grâce a comblé les humains.

L'astre avant-coureur de l'aurore
Du soleil qui s'approche annonce le retour ;
Sous le pâle horizon l'ombre se décolore :
Lève-toi dans nos cœurs, chaste et bienheureux jour.

Sois notre inséparable guide ;
Du siècle ténébreux perce l'obscure nuit ;
Défends-nous en tout temps contre l'attrait perfide
De ces plaisirs trompeurs dont la mort est le fruit.

Que la foi dans nos cœurs gravée
D'un rocher immobile ait la stabilité ;
Que sur ce fondement l'espérance élevée
Porte pour comble heureux l'ardente charité.

Gloire à toi, Trinité profonde,
Père, Fils, Esprit saint; qu'on t'adore toujours,
Tant que l'astre des temps éclairera le monde,
Et quand les siècles même auront fini leur cours.

LE SAMEDI A MATINES.

Summæ Deus clementiæ, etc.

O toi qui d'un œil de clémence
Vois les égaremens des fragiles humains,
Toi dont l'être un en trois et le même en puissance
A créé ce grand tout soutenu par tes mains,

Eteins ta foudre dans les larmes
Qu'un juste repentir mêle à nos chants sacrés ;

Et que puisse ta grâce, où brillent tes doux charmes,
Te préparer un temple en nos cœurs épurés.

Brûle en nous de tes saintes flammes
Tout ce qui de nos sens excite les transports,
Afin que, toujours prêts, nous puissions dans nos ames
Du démon de la chair vaincre tous les efforts.

Pour chanter ici tes louanges
Notre zèle, Seigneur, a devancé le jour :
Fais qu'ainsi nous chantions un jour avec tes anges
Les biens qu'à tes élus assure ton amour.

Père des anges et des hommes,
Sacré Verbe, Esprit saint, profonde Trinité,
Sauve-nous ici-bas des périls où nous sommes,
Et qu'on loue à jamais ton immense bonté.

A LAUDES.

Aurora jam spargit polum, etc.

L'aurore brillante et vermeille
Prépare le chemin au soleil qui la suit ;
Tout rit aux premiers traits du jour qui se réveille :
Retirez-vous, démons qui volez dans la nuit.

Fuyez, songes, troupe menteuse,
Dangereux ennemis par la nuit enfantés ;
Et que fuie avec vous la mémoire honteuse
Des objets qu'à nos sens vous avez présentés.

Chantons l'auteur de la lumière
Jusqu'au jour où son ordre a marqué notre fin ;
Et qu'en le bénissant notre aurore dernière
Se perde en un midi sans soir et sans matin.

Gloire à toi, Trinité profonde,
Père, Fils, Esprit saint ; qu'on t'adore toujours,
Tant que l'astre des temps éclairera le monde,
Et quand les siècles même auront fini leur cours.

LE LUNDI A VÊPRES.

Immense cœli conditor.

Grand Dieu, qui vis les cieux se former sans matière
    A ta voix seulement,
Tu séparas les eaux, leur marquant pour barrière
    Le vaste firmament.

Si la voûte céleste a ses plaines liquides,
    La terre a ses ruisseaux,
Qui contre les chaleurs portent aux champs arides
    Le secours de leurs eaux.

Seigneur, qu'ainsi les eaux de ta grâce féconde
    Réparent nos langueurs?
Que nos sens désormais vers les appas du monde
    N'entrainent plus nos cœurs.

Fais briller de ta foi les lumières propices
    A nos yeux éclairés;
Qu'elle arrache le voile à tous les artifices
    Des enfers conjurés.

Règne, ô Père éternel, Fils, sagesse incréée,
    Esprit saint, Dieu de paix,
Qui fais changer des temps l'inconstante durée,
    Et ne changes jamais.

LE MARDI A VÊPRES.

Telluris ingens conditor, etc.

Ta sagesse, grand Dieu, dans tes œuvres tracée,
    Débrouilla le chaos,
Et fixant sur son poids la terre balancée
    La sépara des flots.

Par là son sein fécond de fleurs et de feuillages
    L'embellit tous les ans,
L'enrichit de doux fruits, couvre de pâturages
    Ses vallons et ses champs.

Seigneur, fais de ta grâce à notre ame abattue
    Goûter les fruits heureux;

Et que puissent nos pleurs de la chair corrompue
Eteindre en nous les feux !

Que sans cesse nos cœurs, loin du sentier des vices,
Suivent tes volontés ;
Qu'innocens à tes yeux ils fondent leurs délices
Sur tes seules bontés !

Règne, ô Père éternel, Fils, sagesse incréée, etc.

LE MERCREDI A VÊPRES.

Cœli Deus sanctissime, etc.

Grand Dieu, qui fais briller sur la voûte étoilée
Ton trône glorieux,
Et d'une blancheur vive à la pourpre mêlée
Peins le cintre des cieux ;

Par toi roule à nos yeux sur un char de lumière
Le clair flambeau des jours ;
De tant d'astres par toi la lune en sa carrière
Voit le différent cours.

Ainsi sont séparés les jours des nuits prochaines
Par d'immuables lois ;
Ainsi tu fais connoître à des marques certaines
Les saisons et les mois.

Seigneur, répands sur nous ta lumière céleste,
Guéris nos maux divers ;
Que ta main secourable, au démon si funeste,
Brise enfin tous nos fers.

Règne, ô Père éternel, Fils, sagesse incréée, etc.

LE JEUDI A VÊPRES.

Magnæ Deus potentiæ, etc.

Seigneur, tant d'animaux par toi des eaux fécondes
Sont produits à ton choix
Que leur nombre infini peuple ou les mers profondes,
Ou les airs, ou les bois.

Ceux-là sont humectés des flots que la mer roule,
  Ceux-ci de l'eau des cieux,
Et de la même source ainsi sortis en foule
  Occupent divers lieux.

Fais, ô Dieu tout puissant, fais que tous les fidèles,
  A ta grâce soumis,
Ne retombent jamais dans les chaines cruelles
  De leurs fiers ennemis.

Que, par toi soutenus, le joug pesant des vices
  Ne les accable pas ;
Qu'un orgueil téméraire en d'affreux précipices
  N'engage point leurs pas.

Règne, ô Père éternel, Fils, sagesse incréée, etc.

LE VENDREDI A VÊPRES.

Plasmator hominis, Deus, etc.

Créateur des humains, grand Dieu, souverain maitre
  De ce vaste univers,
Qui du sein de la terre à ton ordre vis naitre
  Tant d'animaux divers ;

A ces grands corps sans nombre et différens d'espèce,
  Animés à ta voix,
L'homme fut établi par ta haute sagesse
  Pour imposer ses lois.

Seigneur, qu'ainsi ta grâce à nos vœux accordée
  Règne dans notre cœur ;
Que nul excès honteux, que nulle impure idée
  N'en chasse la pudeur.

Qu'un saint ravissement éclate en notre zèle ;
  Guide toujours nos pas ;
Fais d'une paix profonde à ton peuple fidèle
  Goûter les doux appas.

Règne, ô Père éternel, Fils, sagesse incréée, etc.

LE SAMEDI A VÊPRES.

O lux, beata Trinitas, etc.

Source éternelle de lumière,
Trinité souveraine et très simple unité,
Le visible soleil va finir sa carrière ;
Fais luire dans nos cœurs l'invisible clarté.

Qu'au doux concert de tes louanges
Notre voix et commence et finisse le jour,
Et que notre ame enfin chante avec tes saints anges
Le cantique éternel de ton céleste amour.

Adorons le Père suprême,
Principe sans principe, abîme de splendeur ;
Le Fils, Verbe du Père, engendré dans lui-même ;
L'Esprit, des deux qu'il lie amour, don, paix, ardeur.

CANTIQUES SPIRITUELS.

CANTIQUE PREMIER.

A la louange de la Charité.

(Tiré de S. Pau., I aux Corinthiens, ch. 13.)

Les méchans m'ont vanté leurs mensonges frivoles ;
    Mais je n'aime que les paroles
    De l'éternelle vérité.
    Plein du feu divin qui m'inspire,
    Je consacre aujourd'hui ma lyre
    A la céleste Charité.

En vain je parlerois le langage des anges ;
    En vain, mon Dieu, de tes louanges
    Je remplirois tout l'univers ;
    Sans amour ma gloire n'égale
    Que la gloire de la cymbale
    Qui d'un vain bruit frappe les airs.

Que sert à mon esprit de percer les abîmes
    Des mystères les plus sublimes,

Et de lire dans l'avenir ?
Sans amour ma science est vaine,
Comme le songe, dont à peine
Il reste un léger souvenir.

Que me sert que ma foi transporte les montagnes :
Que dans les arides campagnes
Les torrens naissent sous mes pas ;
Ou que, ranimant la poussière,
Elle rende aux morts la lumière,
Si l'amour ne l'anime pas ?

Oui, mon Dieu, quand mes mains de tout mon héritage
Aux pauvres feroient le partage ;
Quand même, pour le nom chrétien
Bravant les croix les plus infâmes,
Je livrerois mon corps aux flammes,
Si je n'aime je ne suis rien.

Que je vois de vertus qui brillent sur ta trace,
Charité, fille de la Grâce !
Avec toi marche la Douceur,
Que suit avec un air affable
La Patience, inséparable
De la Paix, son aimable sœur.

Tel que l'astre du jour écarte les ténèbres,
De la nuit compagnes funèbres :
Telle tu chasses d'un coup d'œil
L'envie aux humains si fatale,
Et toute la troupe infernale
Des vices, enfans de l'orgueil.

Libre d'ambition, simple et sans artifice,
Autant que tu hais l'injustice,
Autant la vérité te plait.
Que peut la colère farouche
Sur un cœur que jamais ne touche
Le soin de son propre intérêt ?

Aux foiblesses d'autrui loin d'être inexorable,
Toujours d'un voile favorable
Tu t'efforces de les couvrir :
Quel triomphe manque à ta gloire ?
L'amour sait tout vaincre, tout croire,
Tout espérer et tout souffrir.

Un jour Dieu cessera d'inspirer des oracles;
Le don des langues, les miracles,
La science aura son déclin :
L'amour, la charité divine,
Eternelle en son origine,
Ne connoîtra jamais de fin.

Nos clartés ici-bas ne sont qu'énigmes sombres :
Mais Dieu sans voiles et sans ombres
Nous éclairera dans les cieux;
Et ce soleil inaccessible,
Comme à ses yeux je suis visible,
Se rendra visible à mes yeux.

L'amour sur tous les dons l'emporte avec justice.
De notre céleste édifice
La foi vive est le fondement;
La sainte espérance l'élève,
L'ardente charité l'achève,
Et l'assure éternellement.

Quand pourrai-je t'offrir, ô charité suprême,
Au sein de la lumière même,
Le cantique de mes soupirs?
Et, toujours brûlant pour ta gloire,
Toujours puiser et toujours boire
Dans la source des vrais plaisirs?

CANTIQUE II.

Sur le bonheur des justes et sur le malheur des réprouvés.

(Tiré de la Sagesse, chap. 5.)

Heureux qui, de la sagesse
Attendant tout son secours,
N'a point mis en la richesse
L'espoir de ses derniers jours ?
La mort n'a rien qui l'étonne;
Et, dès que son Dieu l'ordonne,
Son ame prenant l'essor
S'élève d'un vol rapide
Vers la demeure où réside
Son véritable trésor.

De quelle douleur profonde
Seront un jour pénétrés
Ces insensés qui du monde,
Seigneur, vivent enivrés,
Quand, par une fin soudaine
Détrompés d'une ombre vaine
Qui passe et ne revient plus,
Leurs yeux, du fond de l'abîme,
Près de ton trône sublime
Verront briller tes élus !

Infortunés que nous sommes,
Où s'égaroient nos esprits !
Voilà, diront-ils, ces hommes
Vils objets de nos mépris :
Leur sainte et pénible vie
Nous parut une folie ;
Mais aujourd'hui triomphans,
Le ciel chante leur louange,
Et Dieu lui-même les range
Au nombre de ses enfans.

Pour trouver un bien fragile
Qui nous vient d'être arraché,
Par quel chemin difficile,
Hélas ! nous avons marché !
Dans une route insensée
Notre ame en vain s'est lassée
Sans se reposer jamais,
Fermant l'œil à la lumière
Qui nous montroit la carrière
De la bienheureuse paix.

De nos attentats injustes
Quel fruit nous est-il resté ?
Où sont les titres augustes
Dont notre orgueil s'est flatté ?
Sans amis et sans défense,
Au trône de la vengeance
Appelés en jugement,
Foibles et tristes victimes,
Nous y venons de nos crimes
Accompagnés seulement.

Ainsi d'une voix plaintive
Exprimera ses remords
La pénitence tardive
Des inconsolables morts.
Ce qui faisoit leurs délices,
Seigneur, fera leurs supplices,
Et par une égale loi
Tes saints trouveront des charmes
Dans le souvenir des larmes
Qu'ils versent ici pour toi.

CANTIQUE III.

Plainte d'un chrétien sur les contrariétés qu'il éprouve au-dedans de lui-même.

(Tiré de S. Paul aux Romains, ch. 7.)

Mon Dieu, quelle guerre cruelle !
Je trouve deux hommes en moi :
L'un veut que, plein d'amour pour toi,
Mon cœur te soit toujours fidèle ;
L'autre, à tes volontés rebelle,
Me révolte contre ta loi.

L'un, tout esprit et tout céleste,
Veut qu'au ciel sans cesse attaché,
Et des biens éternels touché,
Je compte pour rien tout le reste ;
Et l'autre par son poids funeste
Me tient vers la terre penché.

Hélas ! en guerre avec moi-même,
Où pourrai-je trouver la paix ?
Je veux, et n'accomplis jamais :
Je veux ; mais, ô misère extrême !
Je ne fais pas le bien que j'aime,
Et je fais le mal que je hais.

O grâce, ô rayon salutaire,
Viens me mettre avec moi d'accord ;
Et, domptant par un doux effort
Cet homme qui t'est si contraire,
Fais ton esclave volontaire
De cet esclave de la mort.

CANTIQUE IV.

Sur les vaines occupations des gens du siècle.

(Tiré de divers endroits d'Isaïe et de Jérémie.)

Quel charme vainqueur du monde
Vers Dieu m'élève aujourd'hui?
Malheureux l'homme qui fonde
Sur les hommes son appui.
Leur gloire fuit et s'efface
En moins de temps que la trace
Du vaisseau qui fend les mers,
Ou de la flèche rapide
Qui, loin de l'œil qui la guide,
Cherche l'oiseau dans les airs.

De la sagesse immortelle
La voix tonne et nous instruit:
Enfans des hommes, dit-elle,
De vos soins quel est le fruit?
Par quelle erreur, ames vaines,
Du plus pur sang de vos veines
Achetez-vous si souvent
Non un pain qui vous repaisse,
Mais une ombre qui vous laisse
Plus affamés que devant!

Le pain que je vous propose
Sert aux anges d'aliment;
Dieu lui-même le compose
De la fleur de son froment :
C'est ce pain si délectable
Que ne sert point à sa table
Le monde que vous suivez.
Je l'offre à qui veut me suivre;
Approchez. Voulez-vous vivre?
Prenez, mangez, et vivez.

O sagesse, ta parole
Fit éclore l'univers,
Posa sur un double pole
La terre au milieu des airs.
Tu dis; et les cieux parurent,
Et tous les astres coururent

Dans leur ordre se placer.
Avant les siècles tu règnes.
Et qui suis je, que tu daignes
Jusqu'à moi te rabaisser?

Le Verbe, image du Père,
Laissa son trône éternel,
Et d'une mortelle mère
Voulut naître homme et mortel.
Comme l'orgueil fut le crime
Dont il naissoit la victime,
Il dépouilla sa splendeur,
Et vint, pauvre et misérable,
Apprendre à l'homme coupable
Sa véritable grandeur.

L'ame, heureusement captive,
Sous ton joug trouve la paix,
Et s'abreuve d'une eau vive
Qui ne s'épuise jamais
Chacun peut boire en cette onde;
Elle invite tout le monde :
Mais nous courons follement
Chercher des sources bourbeuses,
Ou des citernes trompeuses
D'où l'eau fuit à tout moment.

FIN.

TABLE.

TOME PREMIER.

	Pages.
La Thébaïde.	7
Alexandre.	71
Andromaque.	131

TOME II.

Les Plaideurs.	7
Britannicus.	67
Bérénice.	139

TOME III.

Bajazet.	7
Mithridate.	79
Iphigénie.	145

TOME IV.

Phèdre.	7
Esther.	71
Athalie.	125
Poésies diverses.	203

JOLIES ÉDITIONS DE BONS OUVRAGES
à SEPT SOUS le vol.
Chez Rion, r' Grands-Augustins, 18.

Chefs-d'œuvre de Pierre et Thomas Corneille, 5 vol. — OEuvres de Racine, 4. — Boileau, 2. — Molière, 8 — Fables de Lafontaine, 2. — Bossuet Hist. univ., 2, Oraisons funèbres, 1. — Oraisons de Fléchier, Bourdaloue, etc., 2. — Petit Carême de Massillon, 1. — Fénelon, Télémaque, 2, Dialogue des morts, 1. — Montesquieu Grandeur des Romains, 1, Lettres persannes, 2. — Catéchisme historique de Fleury, 1. — Caractères de Labruyère, 3. — Provinciales de Pascal, 1. — Maximes de Larochefoucauld, 1. — Lettres choisies de Mme de Sévigné, 2. — Les Mondes de Fontenelle, 1. — Vertot, Révolutions romaines, 6, de Suède, 2, de Portugal, 1. — Saint-Réal, Conjuration de Venise, 1. — J.-B. Rousseau, 2. — Regnard, 2. — L. Racine, 1. — Essais de Montaigne, 8. — Voltaire, Henriade, 1, Théâtre, 4, Siècle de Louis XIV, 6, Charles XII, 2, Hist. de Russie, 2, Essai sur les Mœurs, 8, Poèmes, Epîtres, Contes, 2, Romans, 4. — Rousseau, Emile, 4. — Le Sage, Gil Blas, 5 Diable boiteux, 2, OEuvres choisies, 2. — Crébillon, 3 — Marmontel, Bélisaire, 1. Incas, 2. — Fables de Florian, 1. — Bernardin de Saint-Pierre, Paul et Virginie, 1. — Delille, Géorgiques, 1. — Chénier, 1. — Barthélemy, Anacharsis 8. — Mme de Graffigny, Lettres d'une Péruvienne, 1. — Sterne, Voyage sentimental, 1. — Foe, Robinson, 2. — Swift, Gulliver, 2.

JOLIES ÉDITIONS DE BONS OUVRAGES
à SEPT SOUS le vol.
Chez Rion, r. Grands-Augustins, 18.

Chefs-d'œuvre de Pierre et Thomas *Corneille*, 6 vol. — Œuvres de *Racine*, 4. — *Boileau*, 2. — *Molière*, 8. — Fables de *Lafontaine*, 2. — *Bossuet* Hist. univ., 2, Oraisons funèbres, 1. — Oraisons de *Fléchier*, *Bourdaloue*, etc., 2. — Petit Carême de *Massillon*, 1. — *Fénelon*, Télémaque, 2, Dialogue des morts, 1. — *Montesquieu* Grandeur des Romains, 1, Lettres persannes, 2. — Catéchisme historique de *Fleury*, 1. — Caractères de *Labruyère*, 3. — Provinciales de *Pascal*, 1. — Maximes de *Larochefoucauld*, 1. — Lettres choisies de Mme de *Sévigné*, 2. — Les Mondes de *Fontenelle*, 1. — *Vertot*, Révolutions romaines, 4, de Suède, 2, de Portugal, 1. — *Saint-Réal*, Conjuration de Venise, 1. — J.-B. *Rousseau*, 2. — *Regnard*, 3. — L. *Racine*, 1. — Essais de *Montaigne*, 8. — *Voltaire*, Henriade, 1, Théâtre, 4, Siècle de Louis XIV, 6, Charles XII, 3, Hist. de Russie, 2, Essai sur les Mœurs, 8, Poèmes, Epîtres, Contes, 2, Romans, 4. — *Rousseau*, Emile, 4. — Le Sage, Gil-Blas, 5 Diable boiteux, 2, Œuvres choisies, 2. — *Crébillon*, 3. — *Marmontel*, Bélisaire, 1. Incas, 2. — Fables de *Florian*, 1. — Bernardin de Saint-Pierre, Paul et Virginie, 1. — *Delille*, Géorgiques, 1. — *Chénier*, 1. — *Barthélemy*, Anacharsis, 8. — Mme de *Graffigny*, Lettres d'une Péruvienne, 1. — *Sterne*, Voyage sentimental, 1. — *Foe*, Robinson, 2. — *Swift*, Gulliver, 2.